心理学

―基礎から・臨床・発達・学習・教育・集団へ―

石川美智子

Michiko Ishikawa

JN062782

学術研究出版

はじめに

　心理学の一般書を執筆するにあたり，一般の方にも，学部生にも興味がわく方法はないかと考えました。その結果，できるだけ，心理学を日常生活と結びつけたら心理学が面白くなるのではないかと思いました。そのため，発達や教育に結びつくようにしました。また，心理学の歴史がいろいろなところにでてきます。さらに，心理学の巨人たちの顔や当時の実験風景も掲載しました。心理学の流れをみて，興味を持っていただくことができるのではないかと思います。

　また，心理学のなかの臨床心理学についても，多く掲載しました。人間の心が苦しむとはどのようなことなのか？　そして，それを解決するためには，どうしたらよいか，近年の心理療法も書きました。心理療法には，科学的根拠がない、また，効果がみられないという意見もありますが，臨床心理学を通して，みなさんに心の健康について考えていただければと思います。また，自分の心の健康だけでなく，周りの方への配慮もしていただければと思います。

　後半の発達や教育については，国（文部科学省）の動向も知る必要があるかと考え，国（文部科学省）の施策も掲載しました。文部科学省は，近年，詰め込み教育から主体的な学びに方向転換をしています。主体的な学びの定義は，学ぶことに興味や関心を持ち，自己のキャリア形成の方向性と関連づけながら，見通しを持って粘り強く取り組み，自己の学習活動をふり返って次に繋げる学びとしています（中央教育審議会答申，2016）。また，OECD（経済協力開発機構）は 2015 年から Education 2030 プロジェクトを進めています。もちろん日本も参加しています。このプロジェクトは，1. 現代の生徒が成長して，世界を切り拓いていくためには，·どのような知識や，スキル，態度及び価値が必要か。2. 学校や授業の仕組みが，これらの知識や，スキル，態度及び価値を効果的に育成していくことができるようにするためには，どのようにしたらよいか，2 つの問いに解答をみつけるためのプロジェクトです。日本の主体的な学びが，Education 2030 プロジェクトの答えになるように，人の心とは，教育とは，発達とは，学習とは本書を通して考えて頂きたいと思います。

　知覚心理学も掲載しました。動画も見て頂けるようにアドレスを掲載しました。楽しんで頂けたらと思います。最後に研究方法の観察法を入れました。人を観察することは心理学のスタートです。本書がみなさんの日常のお役に立つことを願っています。

石川美智子

―目　次―

はじめに

第 **1** 章

基礎としての心理学

課題：あなたの知っている心理学者をあげてみてください。

1. 心理学の歴史

　本章では，心理学の歴史を大雑把に伝えます。それぞれの巨人が真摯に知を追求しました。その後，臨床・発達・学習・教育・集団の学問へと発展しています。素朴な発想や実験が大きな社会貢献へとなっていることを，理解し巨人の肩に乗っていただきたいと思います。

① 現代心理学の成立　ヴント（Wundt）の構成主義心理学

　はじめて心理学という言葉を使ったのは，ドイツのヴント（1832-1920）です。彼は心理学を「意識的経験の学」と定義しました。ヴントは実験的に統制（意図的な）された刺激を与え，その経験を自身で観察し分析しました。つまり，内観を用いました。内観とは自分の心の中をみる方法です。また，細かい要素を集めて分析しようとする構成主義心理学の立場をとりました。ヴントのもとには，世界中から留学生がきました。もちろん，日本人もいました。

　構成主義心理学は，あまりに細かい要素を集めて心を分析するという批判から，その後の新たな心理学につながりました。

写真 1-1　ヴント（Wundt）
https://ja.wikipedia.org/wiki

② ゲシュタルト心理学

　人間の精神を要素に分解しその要素を再構成することで人間を説明できるとした構成主義の考えに反対したのが，ヴェルトハイマー，ケーラー，レヴィンです。ゲシュタルト（gestalt）とは形を意味します。ゲシュタルト心理学は，知覚心理学・社会心理学・認知心理学・臨床心理学へと受け継がれます（鈴木，2014）。参考までに，ゲシュタルト心理学の例をケーラーの研究で説明します。ゲシュタルト心理学は，心理療法としても発展していきます（参照第 2 章）。

(1) 洞察学習

　ケーラー（Kohler. W.）（1887-1967）が提唱し，「学習者は洞察力により問題場面を構成している諸情報（要素間の関係）を統合し，認知構造を変化させ，問題を解決する」というものです。試行錯誤説（参照第 4 章）と異なるところは，「解決行動が突然現れる」ことです。

写真1-2　ケーラー（Kohler. W.）とチンパンジーの洞察学習
http://wkprc.eva.mpg.de/english/files/wolfgang_koehler.htm

ケーラーはゲシュタルトと呼ばれる心理学の父と呼ばれています。彼らは構造主義的見解に反対し，全体が部分の合計よりも大きいと主張しました。チンパンジーは箱や棒を単独で認知する限り，写真のように高いところのバナナをとることはできないと考えました。各要素を全体（ゲシュタルト）として認知するから問題を解決できるとしました。ゲシュタルトのアイデアは心理学の他の分野にも応用されました。1956年に彼はAPAの会長を務めました。

③ 精神分析学

　ゲシュタルト心理学と同様，心を要素で考えてはいけないと考えたのがフロイト（1856-1939）です。ゲシュタルト心理学と異なるのは，無意識まで焦点を当てたところです（参照第2章）。

④ 行動主義

　ヴントが客観的に観察しえない意識に限定していることを批判して，客観的に観察できる行動を対象としたのが，ワトソン（John B. Watson）（1878-1958）です。行動を対象としていますので，行動主義と呼ばれます（参照第3章，第4章）。

写真1-3　フロイト
（独：Sigmund Freud）
https://www.bing.com/images/search?view=detailV2&id

⑤ 認知心理学

　ナイサー（1967）は，認知心理学という本を出版し，その中で「感覚入力が変換され，還元され，精緻化され，貯蔵され，回復され，そして用いられる，そのすべてのプロセスに関わる学」と定義しています。行動主義は，客観的な人間の行動を対象としてきました。しかし，認知心理学は，主観的な人間の意識を重視する立場をとります。AIの発展，コンピュータの進歩に伴って急速に発達し，認知心理学は，脳科学・工学・言語学等いろいろな分野と結びつき，認知科学という新たな学際的分野を形成しています。

⑥ 発達心理学

　発達心理学とは，人間が人生を通じてどのように変化するのか，なぜ変化するのかを科学的に研究するものです。もともと幼児や子供に関わる分野は，胎児期，青年期，成人期，老年期，そして全寿命を含むように拡大しました。発達心理学者は，思考，感情，行動が生涯を通じてどのように変化するかを説明することを目指しています。身体的発達，心理的発達，社会的感情発達分野等があります。

　まだ，いろいろな心理学があると思います。本書では一部を紹介したいと思います。前半では，基礎心理学・臨床心理学を紹介します。これらは，決して日常から離れたものではありません。基礎心理学・臨床心理学を応用して，役立てていただきたいと考えます。さらに，発達・学習・教育・集団に関わる心理学を伝えていきます。これらは，一つ一つ単独の学問ですが，日常生活や教育においては，ミックスモデルとして自分の頭に入れて，活用していただきたいと思います。

【引用文献】

Neisser, U.（1967）. Cognitive psychology. Englewood Cliffs: Prentice-Hall.

鈴木直人（2014）心理学　岡市廣成・鈴木直人監修心理学概論　ナカニシヤ出版

第2章

精神分析を中心とした臨床心理学

> 課題：臨床心理学とは，心理的な苦痛または障害を理解し，予防，および軽減するための理論です。いろいろな技法がありそれを心理療法といいます。あなたが知っている心理療法をあげてください。

　心理療法はフロイトの精神分析から始まりました。順に説明していきます。いろいろな手法がありますが，人間の心の中を整理し健全な方向に向けるものです。それは，教育にも通用すると思います。現実は，一つの理論だけでは解決しません。いろいろな心理療法を学び，教育にいかしてください。また，3章では，行動主義から発展した心理療法も説明します。現場では，相手のニーズや環境に合わせたミックスモデルが重要だと思います。

1．精神分析

フロイトの自由連想法：フロイトは長椅子を使い「頭に浮かんだことを自由に話してください」と指示をして心の中を分析しました。自由連想法で話された内容には，クライエント（患者）の無意識が反映されていると考えました。途中で沈黙があれば抵抗を示し，無意識に隠れている恐怖や欲望があると考えました。また，分析家に対する非合理的な感情を転移と解釈しまし

写真2-1 フロイトの自由連想法のイメージ
https://www.bing.com/images/search?view=detailV2&id

た。転移には好意的な感情である陽性転移，敵意や怒りの感情を向ける陰性転移の2種類があります。また，分析家がクライエントに抱く非合理的な感情を逆転移と名付けました。フロイトは，中立性を保つために逆転移の発生を防ぐべきだと考えました。現在では，なぜ，逆転移が生じるかを洞察することの重要性が言われています。

　フロイトの治療事例を紹介します。少年ハンスは，馬にかまれるという不安のため，外出できなくなりました。フロイトはハンスの母親への愛着とライバルである父親に敵意を抱き，本来もっていた父への愛情と葛藤から外出ができなくなったことを分析します。

① 局所論と構造論

　フロイトは心を3つの層に分け（局所論），さらに性に関わる理論（構造論）を構築します（図2-1）。

(1) 局所論

　フロイトは，心は意識・前意識・無意識の3層からなると考えました。それを局所論といいます。

・意　識：自覚している心的過程
・前意識：注意すれば思い出す心理過程
・無意識：気づいていない・気づくことができない心理過程

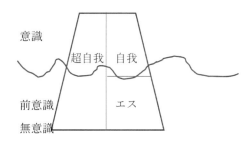

図2-1　局所論と構造論

⑵ 構造論

　フロイトは人の心について，エス・超自我・自我の3つの構造を考えました。

エ　ス	エスとはリビドーの貯蔵庫です。フロイトは性のエネルギーをリビドーと位置づけました。不快を避けて快を求めるという快楽原則に従っています。無意識です。
超自我	良心や規範など道徳的なものです。幼児期の両親への同一視や，しつけを通して形成されます。道徳機能を抑圧します。
自　我	エス・超自我，外界の要求から生じる精神力動的葛藤を現実原則に従って調整し，個人としての統一性を維持するものです。

② 防衛機制

　防衛機制とは，不快な感情を弱めたり避けたりして，心理的安定を保つために無意識的に用いる手段です。代表的な防衛機制を説明します。

代表的な防衛機制

名　称	説　明
抑　圧	容認しがたい思考，観念，感情，衝動，記憶などを意識から排除し，無意識へ追いやる自我の働きをいう。たとえば「思い出せない」「わからない」という事態はこの機制による。防衛機制の基盤をなしているのが，この「抑圧」である。
退　行	自我を一時的または長期的に，発達段階の初期に戻してしまう事である。
反動形成	抑圧している欲望や衝動と正反対の態度や行動をとること。たとえば，強い性的関心が極度の性的蔑視（べっし）や無関心の態度として現れている場合である。
置き換え	容認されがたい感情を，別の対象に向け換えて不安を解消しようとすること。たとえば，父親に対する憎しみを職場の上司に向ける場合など。
隔　離	受け入れがたい感情や思いを切り離すこと。
補　償	劣等感を他の方法で補うこと。
転　換	別のものに変えること，抑圧された感情が麻痺や感覚喪失となって表現されること。
投　影	自分が認めたくない不快の感情を，他人がそのような考えや感情をもっているとみなすこと。
同一化	外界の対象（他者）と自己とを同一とみなす場合と，対象に属する諸性質や態度を自分のうちに取り入れて同一化する場合とがある。
合理化	自分の行動の本当の動機を無意識のうちに隠し，ほかのもっともらしい理屈をつけて納得すること。
昇　華	抑圧された衝動が社会的に有用なものに置き換えられること。

失敗した防衛機制

これは神経症症状として現れる防衛機制です。

転　換	抑圧された衝動や葛藤が，麻痺や感覚喪失となって表現される。手足が痺れたり，失立失歩（脱力し立ったり歩けなくなったりする），声が出なくなる失声症や視野が狭くなる，嚥下困難，不食や嘔吐などの症状が出る。
身体化	抑圧された衝動や葛藤が，様々な身体症状となって表れること。
行動化	抑圧された衝動や葛藤が，問題行動として表出すること。具体的には性的逸脱行動，自傷行為，自殺企図，などが挙げられる。

2．ユング心理学

　フロイトは性のエネルギーを中心に心を説明しました。フロイトの弟子のユング（Carl Gustav Jung, 1875-1961）は次第に性のエネルギーだけでは説明しきれないと考えました。また，ユングは夢や空想の中に個人の経験からは説明できない，誰しも共通するイメージがあることを見出しました。人類や民族が遺伝的に持っているイメージを元型といいます。

3．その他

① 夢分析

　フロイトもユングも，夢分析を大切にしました。しかし，解釈が異なります。フロイトは，夢は無意識を理解するために適していると考え，自由連想法によって，夢を分析しました。一方，ユングは，夢分析をクライエントと分析者が共有して解釈をしました。さらに，夢を無意識特に集合的無意識または元型からのメッセージと考えました。

② 個人心理学

　アドラー（Alfred Adler 1870-1937）はフロイトの仲間でしたが，リビドーに重点を置くフロイトに疑問を持ち，人間は劣等感があるが，それを乗り越えようとする意思が働くこと，つまり補償があると考えました。劣等感を克服しようとする意思「権力への意志」を重要視して，「劣等感の要因の理解，適切な目標の再設定，再教育」が治療であると考えました。アドラーの心理学は後継者によって教育界や医療分野に広まっていったと考えられます。

　岩井（2002）によると，「アドラーの人間観，教育，治療が勇気づけそのもの」「アドラー心理学の勇気づけは，アメリカの風土と当時の教育界のニーズもあって，教育分野に浸透して行き，今日に至っている」とされています。しかし，そもそもアドラー心理学の創始者であるアドラーは「勇気づけ」の定義をはっきりとは定めていません。参考までに，

岩井の勇気づけとほめるの違いを載せます。

表2-1　「ほめる」と「勇気づける」との違い〔岩井（2002）〕

	ほめる	勇気づける
状　況	相手が自分の期待していることを達成したとき（条件つき）。	相手が達成したときだけでなく失敗したときもあらゆる状況で（無条件）。
関　心	与える側の関心で。	与えられる側の関心で。
態　度	一種のほうびとして上から下への関係として与える態度。	ありのままの相手に共感する態度で。
対　象	行為をした人に与えられる。	行為に対して与えられる。
波及効果	他人との競争に意識が向かい，周囲の評価を気にするようになる。	自分の成長，進歩に意識が向かい，自立心と責任感が育まれる。
印　象	口先だけと受け取られかねない。	心からのものであると相手に通じる。
継続性	その場限りの満足感を刺激するため，明日への意欲が生まれにくい。	明日への意欲を生み，継続性が高い。

③ クライエント中心療法

　クライエント中心療法は，ロジャーズ（Carl Ransom Rogers, 1902-1987）による非指示的な心理療法です。精神分析では，クライエントの意識・無意識を分析し，積極的に説得や助言を行う傾向があります。しかし，ロジャーズは，クライエントの話を聞いて自己理解を進め，主体的に問題解決にむかうことを述べました。

原理

　クライエント中心療法では，自己概念と経験に着目します。不適応は，クライエントの自己概念と経験の不一致によって，生じると考えました。面接では，自己概念と経験の一致を目指します。そのためにカウンセラーの態度が重要になります。

1　無条件の肯定的関心：カウンセラーのありのままの態度を受け入れる
2　共感的理解：クライエントの経験や内的世界をカウンセラーが自分自身のものであるかのように理解すること
3　自己一致：カウンセラーが自分の経験や態度を感知して，クライエントとの関係においてありのままであることを意味します。自分が感じていることと，クライエントが感じていることと違いがでてきた，そして重要だと思われたら，クライエントに対して尊敬と配慮をもって表現するべきだとされています（河越, 2014）

グループエンカウンター

　エンカウンターとは日本語で出会いの意味です。ロジャーズは，クライエント中心療法をさらに発展させ，グループエンカウンターを行いました。それは，人と人との出会いは心理的成長を促すという発想から生まれました。

　方法は 10 人前後のメンバーとファシリテーター（促進者）によって構成され，その場の思いや経験していることを自由に話し合います。話し合いのテーマがあるわけではありませんので，否定的な感情もわきます。それらをすべて理解して，メンバー間に肯定的な感情が生まれ交流が行われます。当然対象は健常者です。自己啓発や能力開発等の動機を持っている方に適しています。

　その後も，精神分析は多くの学派を生み出しました。

岩井俊憲（2002）『勇気づけの心理学』金子書房

岩井俊憲（2008）「勇気づけの原理」児童心理，62（18），36-42.

河越隼夫（2014）人間性中心アプローチ　岡市廣成・鈴木直人監修心理学概論　ナカニシヤ出版

4．全く異なる心理療法

　精神分析でも，行動主義でもない，そして，エビデンス（科学的根拠　参照第14章）が明らかになったものも生まれています。一部紹介します。

TFT療法

　TFT は，鍼のツボをタッピングすることであらゆる心理的問題を改善させていく新しい心理療法で，日本語にすると「思考場療法 ®」といいますが，最近では，セラピーだとわかるように「TFT 療法」と呼ばれることもあります。また，「つぼトントン」という名称は災害支援で使える手順をまとめて当協会で考えられたものです（日本 TFT 協会，2019）。

〈1〉問題をひとつ思い浮べます。

〈2〉まず PR を 15 回タッピングまたは圧通領域（基本は左側のみ，両側でも可）を 15 回ほどさすります。

〈3〉眉頭➡目の下➡わきの下➡鎖骨下の順に 2 本指で 5 回ずつタッピングします。

〈4〉9g（ナイン・ジー）：ガミュート（手の甲の治療ポイント）をずっとタッピングしながら，各 5 回くらいタップする間に 1.目を開けます 2.目を閉じます 3.目を開けて，顔はまっすぐのまま，視線を右下に 4.視線を左下に 5.目を回転させて 6.目を反対回りに回転させます 7.ハミング（例えば，咲いた咲いた♪のメロディーを鼻歌）8.1 から 5 まで数えます 9.再びハミング（例えば，咲いた咲いた♪のメロディーを鼻歌）※目の不自由な方は，目を開けたり，視線を下に向けていると想像しながらでも行えます。

〈5〉眉頭➡目の下➡わきの下➡鎖骨下の順に2本指で5回ずつタップします。

〈6〉アイ・ロール効果を落ち着かせるため，ガミュート（手の甲の治療ポイント）をタップ
しながら，顔はまっすぐ前のまま，10秒くらいかけて視線だけを床から天井まで動かし
ます。

1〜6を3回繰り返します。（日本TFT協会, 2019）

　TFTはエビデンスのある治療法として米国政府のエビデンス登録機関（SAMHSA）
に登録されており，
　特に以下の点で効果があることが認められました。
・個人のレジリエンス・自己概念
・自律
・トラウマ・ストレス関連の障害と症状
・抑うつとうつ症状
・一般的な機能と健康
・恐怖症，パニック，全般性不安障害とその症状
・特定不能およびその他のメンタルヘルスの障害と症状
　手順が簡単な上に，効果が高く，即効性があり（早くて数分），副作用がなく，セルフ
ケアに使えるというユニークな特長があります（日本TFT協会, 2019）。

【引用文献】

日本TFT協会（2019）, TFTとは, http://www.jatft.org/stress-caring.html

第 **3** 章

行動主義
古典的条件づけとその後

課題：系統的脱感作法という心理療法があります（下記説明）。この療法が生まれた背景を考えてみてください。2章の精神分析とはどこが違うか考えてみてください。

ウォルピの系統的脱感作法

恐怖症や不安障害に適用されている技法があります。不安の強いものから弱いものまで階層表をつくります。また，心身をリラックスさせる方法を身に着け，不安の弱いものから繰り返し思い出す，その後リラックスを繰り返し，不安を取り除きます。

1．古典的条件づけ（レスポンデント条件づけ）

　まず，古典的条件づけを説明します。古典的条件付けは，その後，オペラント条件づけを生みだしました。現在教室での学習にかかわるトークンエコノミーとして発展しました。心理療法では，認知行動療法へと発展しました。

　Pavlov, I. P（パブロフ）(1849-1936) が犬を使った実験で，古典的条件づけ（レスポンデント条件づけ）を証明しました。犬が食べ物（刺激A）をみて唾液をだします。このとき先行して他の刺激を与え続けます。先行した刺激によって，食べ物（刺激A）がなくても刺激Bだけで同じ生理的な反応が生じるようになる現象が古典的条件づけです。つまり，生物学的に強力な刺激と組み合わされる学習手順を指します。また，この組み合わせから生じる学習プロセスを指します。

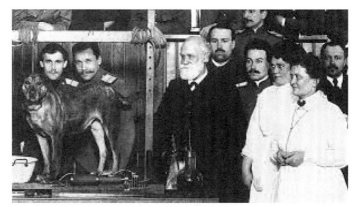

写真3-1　パブロフと犬
https://www.zembula.com/blog/psychology-behind-success-ful-marketing/ivan-pavlov-and-dogs/

① 古典的条件づけの理論
　もう少し詳しく説明いたします。古典的条件づけの基本的理論を説明します。

食べ物：無条件刺激（ＵＳ）
唾液：無条件反応（ＵＲ）
ベル：中性刺激（本来は反応をおこさない刺激）。条件づけに基づき反応を起こす刺激。結果として条件刺激（ＣＳ）になります。
　新たに条件刺激に対して形成された反応：条件反射（ＣＲ）：

　では，質問です。AとBどちらが，効果があると思いますか？
　　A：無条件刺激の後で，条件刺激
　　B：中性刺激の後で，無条件刺激

　答えはBですね。ベル（中性刺激：本来は反応をおこさない刺激）が先です。予報的信

号として，その後に無条件刺激を提示することが有効とされています。これが，「先行条件づけ」です。無条件刺激の後で，条件刺激を与えても学習結果は不確かと言われています。

　　そのほかの古典的条件づけの言葉を上げます。
　　高次条件づけ：条件刺激となったものと一緒に別の条件刺激を与えると，別の条件刺激にも，条件反応が生じるようになることです。
　　強化子：無条件刺激（食べ物）を強化子といいます。
　　般化：条件刺激に類似した刺激でも条件反応を起こすことです。
　　分化：条件刺激と類似した刺激を区別し，条件刺激のみ条件反応を起こすようになることです。通常のベルの音でエサを食べるが，それより大きな音の時はエサを与えないようにすると，区別して唾液分泌が生じなくなることです。
　　消去：条件づけが減少することです。条件づけが成立しても，無条件刺激を与えないでおくと消去が起こります。
　　自発的回復
　　消去が成立後でも，条件刺激を呈示すると条件反応は回復することがあります。この条件反応の再出現を自発的回復といいます。

2. 古典的条件づけのその後

1 実験神経症

　条件づけられたイヌに対して強い刺激を反復して与えると，条件反射は示さなくなり，拒絶反応や常同行動などを示すようになり，この現象をいいます。生理学におけるパブロフの条件反射の実験から見出されたものですが，人の神経症と同一視できるかどうか疑問もあるといわれています。

2 学習性無力感

　学習性無力感とは，抵抗も回避もできないストレスに長期間さらされると，そうした不快な状況から逃れようという行動すら行わなくなる状態を指します。「何をやっても無駄だ」という認知を形成した場合に，学習に基づく無力感が生じ，それはうつ病に類似した症状を呈します。1967年にマーティン・セリグマンらのオペラント条件づけによる動物実験での観察に基づいて提唱され，1980年代にはうつ病の無力感モデルを形成しました。

3 恐怖条件づけ

　ワトソン（John Broadus Watson, 1878-1958）が行った「アルバート坊やの実験」から

導き出された結果です。

写真3-2　アルバート坊やの実験　javi-barca.blogspot.com
https://www.youtube.com/watch?v=FMnhyGozLyE&feature=youtu.be

何も知らない坊やに，白いネズミを放ちます。そして，ハンマーで金属音を立てます。そうすると，坊やは，フワフワしたものや白い物をみただけで怖がるようになります。「恐怖条件づけ」「般化」とも言います。しかし，現在では結果は不確かであるという意見もあります。

ワトソンは1913年に「Psychology from the perspective of activists：行動主義からみた心理学」を発表しました。そして，「健康な1ダースの乳児と，育てる事のできる適切な環境さえととのえば，才能，好み，適正，先祖，民族など遺伝的といわれるものとは関係なしに，医者，芸術家から，どろぼう，乞食まで様々な人間に育て上げることができる」と唱えました。心を見つめる心理臨床とは異なりワトソンは，古典的条件づけの影響をうけて，行動を説明しているため行動主義と呼ばれています。古典的行動主義は，I.P.パヴロフ(1849-1936)の『パブロフの犬の実験（ベルの音に対する唾液分泌）』で証明された『条件反射の理論(conditioned response)』の影響を受けていて，S-R理論は古典的条件づけ（レスポンデント条件づけ）の応用的な理論と見ることもできます。

写真3-3　John Watson
http://facweb.furman.edu/~einstein/watson/watson1....

　実際には個人の人生全般をコントロールできるような条件づけを行うことは出来ません。

4 古典的条件づけがベースになっている行動的技法

●エクスポージャー法：
不安が呼び起こされる刺激にそのままさらすこと。
●ウォルピの系統的脱感作法：
恐怖症や不安障害に適用されている技法があります。不安の強いものから弱いものまで階層表をつくります。また，心身をリラックスさせる方法を身に着け不安の弱いものから繰り返し思い出す，その後リラックスを繰り返し，不安を取り除く。
●フラッディング：
最大の不安や緊張が呼び起こされる刺激に直接さらす方法（筋弛緩などのリラクゼーションを行いません。
●暴露反応妨害法：
不安や緊張が高まる場面で，通常してしまう反応（たとえば回避行動など）をしないようにする方法（一定時間経過すれば収まることを経験する）。
●条件性制止療法：
不安回避によって強化された条件反応と考えられるものを，条件づけられた行動を強化子なしで反復すると，反応制止が生じます。その結果，反応したいということが条件づけられて条件抑止を起こします。　負の症状がある場合，集中的に意図的にその症状の反復練習を行う方法です。具体的な方法の例は，1分間反復練習，1分間休憩を5回繰り返します。これを1セッションとし，1日2回行います。チック症に適用されます（臨床心理学用語事典）。
●嫌悪療法：
不適切な行動が生じたときに，不快な刺激を与える方法（アルコール中毒の人が酒を飲みたくなったら抗酒剤を服用する）。

5 『パブロフの犬』の脳内の仕組み解明

　東京大学医学系研究科の河西春郎教授と柳下祥特任助教らパブロフの犬の実験における脳内の仕組みを証明しました。その記事を紹介します。
　「パブロフの犬」の条件反射は20世紀初めからよく知られている。この条件反射が報酬によって起きる脳内の仕組みを，東京大学医学系研究科の河西春郎（かさい はるお）教授と柳下祥（やぎした しょう）特任助教らが約100年の時を経てマウスで詳しく解明した。脳神経細胞で起きるドーパミン系の報酬作用はわずか2秒以内で起きることを突き止めた。さまざまな依存症や強迫性障害などへの理解を深める新しい手がかりといえる。2014年9月26日号の米科学誌サイエンスに発表した。
　この「条件付け」は，神経伝達物質のドーパミンがヒトや動物の報酬学習に関与して起きるが，ドーパミンがどのような仕組みで報酬信号として働くかは不明で，最後の詰めの段階で謎が残っていた。学習が成立する際には一般に，グルタミン酸を興奮性伝達物質とする神経細胞のシナプスの結合強度が変わる。これをシナプス可塑性と呼ぶ。研究グループは最新の2光子顕微鏡と光遺伝学を駆使して，マウスの脳にある快楽中枢の側坐核で，グルタミン酸とドーパミンをそれぞれ独立に放出させ，シナプス可塑性に対するドーパミンの作用を調べた。マウスの脳の実験では，シナプスがグル

17

タミン酸で活性化され，その直後の 0.3 〜 2 秒の短い時間枠でドーパミンが作用した時のみ，興奮性シナプスの頭部の増大が起き，シナプス結合が 50 分後まで強化され続けることを確かめた。

　　　https://www.huffingtonpost.jp/science-portal/dopamine_b_5917578.html

【引用文献】

　サイエンスポータル (2014).『パブロフの犬』の脳内の仕組み解明 https://www.huffingtonpost.jp/science-portal/dopamine_b_5917578.html

　臨床心理学用語事典 (2020) http://rinnsyou.com/archives/396

第 **4** 章

行動主義，
オペラント条件づけ

課題：犬と餌から古典的条件付け（レスポンデント条件づけ）が生まれました。つまり，生物学的に強力な刺激と組み合わされる学習プロセスでした。生物的な刺激以外にも，学習する方法があるか考えてみてください。

1. オペラント条件づけ：Stimulate-Response Theory

　刺激と反応の理論とも呼ばれています。サッカーの
試合では，サポーターが12人目の選手といわれるぐ
らい，応援されると選手が頑張ります。また，騒がし
い教室で怒られると静かになります。自発的な行動に
対する条件づけをオペラント条件づけ，または道具的
条件づけといいます。古典的条件づけでは，刺激の方
に注目していましたが，オペラント条件づけは行動に
注目します。私たちの日常生活にも起こっています。
朝起きると学校に行く，のどが渇くとお茶を飲むなど
です。これを応用して自発的な行動のあとに報酬（罰）
を与え，直前の行動の頻度が高くなる（低くなる）現
象のことをさします。

写真4-1　B. S. Skinner
https://www.massey.ac.nz/~w-wpapajl/evolution/assign2/SC/Skinnerass2.html

　考えたのはスキナー（1904-1990）です。スキナーは
下記のようなレバーを押すとエサが出てくる箱をつ
くり，鳩を入れました。

　鳩は，たまたまレバーを押したときにエサが手に
入った経験をします。同じ経験を繰り返すうちに，意
図的にレバーを押すことを覚えました。意図的にレ
バーを押すことが「オペラント行動」です。レバーが

https://www.massey.ac.nz/~w-wpapajl/evolution/assign2/SC/Skinnerass2.html

弁別刺激です。箱には，その後，弁別刺激として光やブザーなどがつけられました。スキ
ナーは，オペレート（動作する　operate）するという意味から，オペラントという言葉
を作りました。
　弁別刺激とは「行動の手掛かりになる刺激」のことです。弁別刺激によって自発的な
行動「オペラント行動」が強化されます。この一連の行動を説明する理論が，三項随伴性
（ABC分析）です。行動心理学として，アメリカ等では，児童生徒の支援に応用されてい
ます。

三項随伴性 (ABC分析)

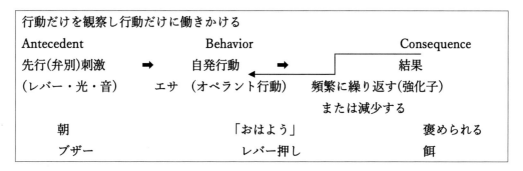

2. オペラント条件づけの方法

強化スケジュール

　連続的に訓練する方法と間をおいて訓練する方法とでは，どちらが効果があるかというと，間隔を置いた方が，定着率が高くなります。連続的な訓練を「連続強化」，間隔を置く方法を「間欠強化」または「部分強化」といいます。

シェイピング

　ある行動をさせるためにスモールステップに分けて目標の行動を獲得させることです。

報酬刺激と嫌悪刺激

　報酬刺激とは，生体にとって快となる刺激のこと，嫌悪刺激とは生体にとって不快となる刺激を指します。

　強化とは，オペラント行動の生起頻度を上昇させることです。弱化とは，オペラント行動の頻度を低下させること。図のような言葉を使用します。

3．オペラント条件づけの発展

① 試行錯誤説

　ソーンダイク（E. L. Thorndike）(1874-1949) は下記のような箱をつくり，猫をいれました。箱の外には魚を置いておきます。猫は，試行錯誤を繰り返して箱のドアを開けます。

写真 4-2　E. L. Thorndike
https://en.wikipedia.org/
wiki/Edward_Thorndike

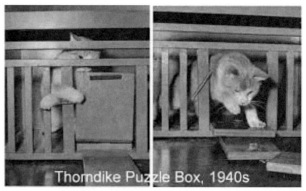

写真 4-3　猫のパズル・ボックス
http://messybeast.com/intelligence.htm
https://www.youtube.com/watch?v=fanm--WyQJo

効果の法則：満足や快状態をもたらす効果のある行動は生起しやすくなり，反対に，
　　　　　　嫌なものや不快なものをもたらすような行動の場合には状況との結合が
　　　　　　弱められるという法則です。

練習の法則：ある状況で同じ反応が何度も行われると，その反応は同じ状況に再び遭
　　　　　　遇した時に行われやすくなるという法則です。

「すべて存在するものは量的に存在する。量的に存在するものはこれを測定することができる」これは1914年の「教育測定第一回大会」でのソーンダイクの有名な言葉です。1903年に「教育心理学」を刊行，これは後に3巻本の大著となります。ソーンダイクは教育評価の父と言われています。試行錯誤学習という考え方はスキナーのオペラント条件づけの知的基盤となりました。また，コロンビア大学で，新井鶴子（日本人女性ではじめて博士Ph.Dを取った人）の指導教官で，日本人初哲学博士の学位指導をしています。

---

② 潜在学習

　潜在学習：実際に目に見える行動としては，直接その実効が現れない形でなされる学習のことです。たとえばネズミに報酬としての餌なしに，何日間か迷路を探索させたあと，目標箱に餌を置くと，それ以前にはほとんどみられなかった行動の改善が急速に生

じました。この場合，報酬なしの期間にも学習がなされたとみなし，潜在学習と呼びます。

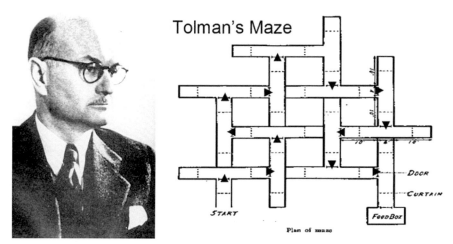

写真 4-4　E. Tolman とその迷路
https://en.wikipedia.org/wiki/Edward_C._Tolman
https://berkeleysciencereview.com/2014/11/man-maze/

エドワード・チェイス・トールマン (Edward Chase Tolman, 1886-1959) 行動主義心理学に媒介変数を導入しました。彼は，すべての行動は目標に方向づけられているとし，学習は目的に関わる高度に客観的な証拠事実であると述べています。そして，行動は単なる刺激（独立変数）と反応（従属変数）の直接的な結合 (S-R) ではなく，その間に媒介変数としての内的過程が介在するとして，S-O-R と修正しました。また，動物の行動を研究し，認知的な学習に注目しました。

エドウィン・ガスリーやクラーク・ハルやバラス・スキナーと共に新行動主義を代表する心理学者とされていますが，トールマンの立場はゲシュタルト心理学（参照第 3 章）とも親和性を持つものであり，のちの認知心理学の誕生を準備するものでした。

---

③ 応用行動分析

　スキナーの理論を用いて，人間の特定の行動を修正する理論です。3 項随伴性は ABC 分析とよばれています。人間の行動を先行条件 (Antecedents)，行動 (Behavior)，結果 (Consequences) と分けて考えることこそが三項随伴性であり、行動分析となります。たとえば，勉強をしたらゲーム機を買ってあげる（先行条件）→勉強をする（行動）→ゲーム機をもらう（結果）。先行条件・行動・結果の分析を通して人間の行動を変化させようとするものが，応用行動分析理論です。つまり，応用行動分析理論はオペラント条件づけが応用されているのです。ただし，一つの事例がすべての人々に応用できるわけではありません。たとえば，ゲーム機よりも，「ありがとう」の言葉の方がうれしい人もいま

す。発達障害や知的障害の支援の場で多く活用されています。ただし，先行条件は人によって異なるので，一人一人をしっかり見ることが重要です。

先行条件（A）　　　　→行動（B）　　　　　　→結果（C）
どのような状況で　　　どのような行動が起こり　どのような結果

オペラント条件づけをベースとした行動的技法を紹介します。

シェイピング法：
　スキナーによって提唱された方法で，スモールステップで段階的に行動を形成していく方法。
トークンエコノミー法：
　トークンと呼ばれる報酬を与え，適応的な行動を定着させます。
アサーション・トレーニング：
　周囲に配慮しながら主張をする体験を通し，自己主張できるようにする。
　ソーシャルスキル・トレーニング：非言語および言語コミュニケーションを身につけることによって，心理・社会面の適応を促す技法。

　行動主義の発展として，次の療法をいれることに，異議を唱える方もいるかもしれませんが，質問によって行動を変えるというところが似ていますので，書きたいと思います。
　ここでは，身近に応用できるもの，エビデンス（科学的根拠　参照第14章）が明らかになっているものを紹介します。

④ 問題解決に焦点を当てた療法 (solution-focused brief-therapy)
　一連の正確に構築された質問に対するクライエントの反応を直接観察することにより行われる，精神療法の変化に対する目標指向の協調的アプローチです。問題解決に焦点を当てた療法は，通常，クライエントの懸念を正確に理解し，共感を伝えるために必要な程度にのみ過去に焦点を当てて，現在と未来に焦点を当てています。アメリカの多数の連邦および州の機関によって証明されたサポートとされています。
　主な技法を紹介します。

ミラクル・クエスチョン
「明日の朝，あなたは目を覚ますと突然魔法の変換，奇跡が起こったことを見つけることを想像してみてください！あなたの世界は，あなたが望むのと同じように，すべての問題を解決したか，あなたを悩ませていたすべてのものと折り合いをつけています。何が違うか，また，状況が変わったことを示す具体的な事柄について説明してください。できるだけ詳細に入力します。」
　この質問をしたうえで，クライエントと話し合います。さらに，カウンセラーは，ク

ライエントが成功を確実にするために，肯定的な目標，または，自分が行わないことを求めます。

スケーリング・クエスチョン

　スケーリングの質問は，クライエントに自分の優先順位，目標，満足度，問題，対処戦略，成功，変化の動機，安全性，自信，治療の進捗状況，および希望を1から10までの数値スケールで評価するよう求めます。これらの質問は，大きな汎用性を持っており，ほとんどのクライエントの認識を評価するために使用することができます（Berg 1994）

　コーピング・クエスチョン

　危機的な状況，深刻な状況に対してクライエントが立ち向かったときやその方法を尋ねる質問です。例えば

「希望がないと思われる毎日，どうやって続けるのか」

「事態が悪化しないのは，どうですか（あなたは何をしますか）」

「あなたはまだ若いときに，このようなひどい状況に対処するためにどのように学びましたか」

　これは，肯定的な，クライエントを強化する方向に自分自身の彼らの見解をシフトするのに役立ちます。

例外探しのクエスチョン

　問題が起こりそうな状況で起こらなかったとき，あるいは問題が解決した状況に少しでも近いとき，すなわち「例外」を尋ね，例外が生じた条件，生じさせるためにクライエントが果たした役割などを尋ねる質問です。例外を成功体験としてクライエントが認識できるよう「例外」を再び起こすための方法をクライエントが考えられるように質問していきます（伊藤，2015）。

【引用文献】

Berg, I. K. (1994). Family based services : A solution-focused approach. New York : W. W. Norton.（磯貝希久子（監訳）(1997). 家族支援ハンドブック――ソリューション・フォーカスト・アプローチ　金剛出版）

伊藤　拓 (2015). ストレスを抱える思春期の青年をサポートするために―中学校，高校でのソリューション・フォーカスト・ブリーフセラピーの活用―明治学院大学心理学部付属研究所年報，8, pp.3-19

第 **5** 章

行動主義を超えた
社会学習理論

課題：ベル，トークン，スモールステップ，ミラクル・クエスチョン
　　　等の刺激が，人間の行動を変える行動主義を学びました。それ
　　　以外にも人間の行動を変える刺激を考えてみてください。

1．社会的学習理論

　他者の影響を受けて，社会的習慣，態度，価値観，行動を習得していく学習方法です。行動主義から発展した，社会的学習理論ですが，認知の要素も含む，重要な理論となっています。バンデューラー（Albert Bandura 1925）が提唱した概念です（1974 年：アメリカ心理学会会長）

写真 5-1　A. Bandura
https://albertbandura.com/

ボボ人形の実験

写真 5-2　ボボ人形の実験
https://www.simplypsychology.org/bobo-doll.html

「ボボ人形」に対して乱暴にしている映像を見せた群と見せない群を作ります。その後，乱暴な映像をみせた群は，明らかに乱暴になっています。モデルだけでも観察だけでも学習していることがわかります。この実験をもう少し分析します。

観察学習：他者の行動を見るだけで行動が強化される学習のことです。

モデリング：重要となるのがお手本です。お手本として観察することにより，観察者の行動が変化することです。その過程が下記です。

1. 注意過程（観察対象に注意を向ける）
   ↓
2. 保持過程（対象の行動の内容を記憶する）
   ↓
3. 運動再生過程（実際にその行動を模倣してみる）
   ↓
4. 動機づけ過程（学習した行動を遂行するモチベーションを高める）

イメージと強化

さらに，イメージでも強化されることを明らかにしました。その分類が下記です。

外的強化：実際の報酬ですが，予期だけで強化が成立します。

代理強化：被観察者の報酬（外的強化）が強化の役目を果たします。

自己強化：ある基準に自分の行動が達した時，自分で自分に報酬を与えることが強化の役目をします。

これらのことから，自己効力感という言葉を生み出しました。

自己効力感 (self-efficacy)

「自分がある状況においてうまく行動できそうだ」という自分の可能性の認知です。類似用語に，自尊感情（self-esteem）がありますが，これは「自分を価値あるものとして肯定的に評価する感情」です。

2. バンデューラーの研究の功績

バンデューラーの研究の功績を紹介します。彼の功績から知の巨人について・心理学の研究の意義を理解してください。

His later research on self-regulatory mechanisms, and the influential role of perceived self-efficacy in self-development, adaptation and change, laid the theoretical foundation for his theory of human agency. These diverse programs of research blend his theoretical interests with an abiding concern for the use of our knowledge for human enlightenment and betterment.

　彼の実例としてのキャリアには，幅広い分野にわたる画期的な仕事が含まれます。社会的モデリングに関する彼の独創的な研究は，人間の学習と，学習モードの重要性の高まりに対する私たちの見解を拡大しました。自己調節メカニズムに関する彼のその後の研究，および自己発達，適応，変化における知覚された自己効力感の影響力のある役割は，人間のエージェンシーの理論の理論的基礎を築きました。これらの多様な研究プログラムは，彼の理論的関心と，人間の啓発と向上のための知識の使用に対する永続的な懸念とを融合させています。

Bandura's contributions to psychology have been recognized in the countless scientific awards and honorary degrees he has received. In additttion he was elected to the Order of Canada, the highest honor for national distinguished achievements, the National Academy of Medicine, and the National Medal of Science, the most prestigious scientific award in the United States, bestowed by President Obama.

バンデューラーの心理学への貢献は，彼が受けた無数の科学賞と名誉学位で認められています。また，オバマ大統領が授与した，米国で最も名誉ある科学賞である国立医学アカデミー，全米科学アカデミー，および全米功績賞の最高勲章であるカナダ勲章に選出されました。
(StanfordUniversity, 2020)

【引用文献】

StanfordUniversity　Web Design & SEO for Academics

　https://www.translatetheweb.com/?from=en&to=ja&ref=SERP&dl=ja&rr=UC&a=https%3a%2f%2falbertbandura.com%2f

第 **6** 章

発達・教育と心理学，運動

課題：運動と心理学がなぜ関係があるか考えてみてください。

1. 運動の発達

運動と心理学の関係，なぜと思う方もあると思います。運動・言語・思考・心等が一つになって人間です。運動の発達も理解する必要があります。一般的な運動機能の発達は表6-1に示します。そして，表6-2には言語機能の発達を示します。運動と言語が関連して発達しているのです。

表6-1　運動機能

運動機能	
誕生	原始反射
3ヶ月〜	首が据わる
6ヶ月〜	寝返り
10ヶ月〜	ハイハイ
18ヶ月〜	歩く
24ヶ月〜	走行
36ヶ月〜	階段の昇降

表6-2　言語機能

言語機能	
誕生	外界からの刺激を選び取る
3ヶ月〜	喃語（自閉的）
6ヶ月〜	喃語（社会的）
10ヶ月〜	
18ヶ月〜	一語文
24ヶ月〜	二語文・三語文
36ヶ月〜	多語文

原始反射とは，新生児が意識して行う運動ではありません。たとえば，歩行反射があります。歩行反射とは，新生児の脇を持ち上げると歩こうとする姿勢を見せることです。生後6週ごろ消失します。このような原始反射は，前頭葉等が発達していくと見られなくなります。猿の時代にやっていたことが，残っているとも言われています。

運動機能と言語機能の発達に相関を感じませんか？子どもの場合，運動・言語・社会性等様々な能力が相互に関連しあっています。運動の発達も言語の発達も，5歳ぐらいで基本的なものはできるようになります。お互いに刺激し合い発達していくのです。ここでは，運動機能の発達の原則を述べます。

写真6-1　歩行反射
https://myfrenchphysio.
london/baby/baby-child-mo-
tor-development-1-primi-
tive-reflexes/

2．運動の順序性と方向性・上から下へ・中心から末端へ・粗大運動から微細運動へ

図6-1　運動の順序性
https://www.pinterest.ca/pin/334533078562851705/

　子どもの運動は，段階を飛び越えることはなく，段階を順序よく発達していきます。たとえば，首が据わっていないのに歩くことはできません。注視から手で遊ぶ，おもちゃで遊ぶ，人と遊ぶという順です。これを順序性といいます。

　さらに運動の発達には，方向性があります。首が据わったら，寝返り・歩行と頭部から下部の傾向があります。これは，いろいろな筋肉のコントロールが上から下に順に流れることを意味しています。また，中心から末端に発達します。たとえば，上腕運動は，

指先の運動より早く発達します。加えて，粗大運動から微細運動へと発達します。具体的には，ガラガラ遊びから，ブロック遊び，折り紙とおおざっぱな動きから細かな動きへと発達します。

　これらは，発達が進むにつれて個人差があり，環境も大きく影響します。

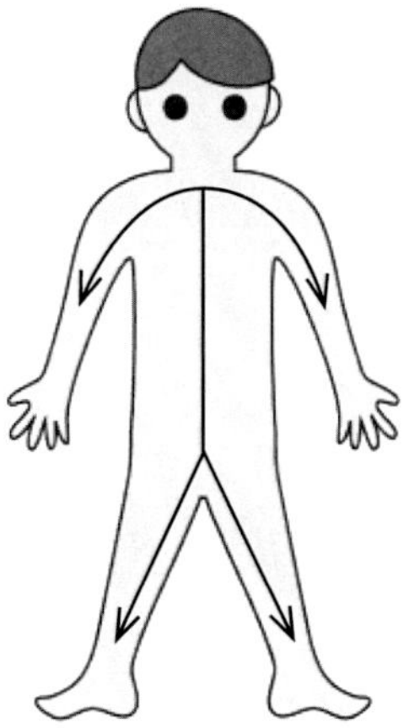

図6-2　運動の方向性

3．運動機能を促す教育

　それでは，どのように発達を促したらよいでしょうか。ここでは，永江（2004）の論文から，運動機能を促す教育について引用します。

運動機能は，感覚機能の発達に比べ少し遅くに発達する。感覚野は，生後数ヶ月から1年後には完成するが，運動野の髄鞘化は，1歳半頃にピークがあり2歳頃に完了する。
2足歩行：歩くことにより睡眠中より10％多く大量の血液が流れる。また，歩くことによって，筋肉が刺激され，脳が活性化する。乳幼児は脳と運動機能の発達を促すことが基本である。
手の使用：手指の使用によって脳と運動及び知能の発達に決定的な影響を及ぼす。特に，手を動かす部位は，足を動かす部位より大きいため，乳幼児にとって手指の運動が脳の発達に貢献する。したがって，乳幼児の積み木，おはじき，ジグソーパズル，折り紙は特に効果がある。また，ピアノやキャッチボール等も有効である，こうした動きは，運動連合野や大脳基底核にも働く。また，微細運動も小脳に働きかける。髄鞘化とは，神経細胞の軸索が髄鞘を持つことで，速い速度で情報を伝達できるようになる。この時期に個々の運動を組み合わせ学習・訓練することは教育的に意義がある。ただし，高次の知的活動を司る前頭野の領域は，複雑な運動でも活性化されない。手指を使うことは脳を活性化するとは言えても，それが頭をよくするとは必ずしも言えないようである。頭をよくするためには，やはりものを考えることが大切なのだということである。

　さらに，スポーツは小学生・中学生・高校生・成人にどのような意味があるでしょう。西田・佐々木ら（2014）の研究をみたいと思います。

小中学生のスポーツ活動，高校生の運動部活動，中高年者の健康運動を対象とした調査の結果は，以下のようにまとめることができる。
1. スポーツ活動によって様々な心理社会的効果が認められた。それらの効果は，「忍耐力」「協調性」「集中力」「自己効力感」「ストレスマネジメント」などであった。
2. スポーツ活動の心理社会的効果は，スポーツ活動での「コミットメント」や「困難の克服」体験，「仲間」や「指導者」との良好な関係などによって促進されることが示された。
3. スポーツ活動によって得られた心理社会的効果は，日常生活においても影響していることが確認された。そして，それらは，その後のスポーツ場面にも影響するという「循環」が示唆された。

4. スポーツ活動による心理社会的効果の日常生活への影響は, スポーツ活動と日常生活での経験が同じであると気づけること (同定), このようにすればうまく解決できる (随伴性) といった認知によって促進されると考えられた。また, 本人や指導者の価値観や期待感によって促進・阻害されることが指摘された。

5. スポーツ活動の心理社会的効果とそれらの日常生活への影響が, 同時に生じることもあり得ることが, 特に中高年者のインタビューデータによって指摘された。

　スポーツ・運動部活動が, 忍耐力・自己効力感等に影響を及ぼし, さらに, それが日常生活でも支えになっていることが分かります。一方, 不登校の調査では, 部活での人間関係で「クラブや部活動の友人・先輩との関係 (先輩からのいじめ, 他の部員とうまくいかなかったなど)」が不登校のきっかけの第4位にあげられます (文部科学省, 2014)。指導者は, どのような価値観で部活を運営するか生徒と一緒に考える必要があると思います。

【引用文献】

永谷誠司 (2004). 子どもの感覚と運動の発達と脳—神経発達心理学序論 (Ⅳ) —　福岡教育大学紀要, 53, pp.281-293.

文部科学省 (2014).「不登校に関する実態調査」—平成18年度不登校生徒に関する追跡調査報告書

西田　保・佐々木万丈・北村勝朗・磯貝浩久・渋倉崇行 (2014). スポーツ活動における心理社会的効果の日常生活への般化総合保健体育科学, 37, 1, pp.1-11

第 **7** 章

言葉・認知

> 課題：子どもが言葉を発するようになるためには，どのようなこと
> が重要でしょうか。

1．言葉の発達

　言葉の発達は，子どもの発達の重要な部分です。子どもにとって言葉を話すことができるようになった喜びは格別なものです。また，自分の葛藤を言語化することで，心の問題を解決する人々は少なくありません。言語の発達を理解することは，知能の発達ばかりでなく，人生を豊かに楽しむ人々を育てる一助になると思います。

2．言葉の習得過程

　乳幼児は言語を知らずに始まりますが，10ヶ月までに赤ちゃんは言葉の音を識別し，養育者の言葉に反応します。さらに，Graven and Browne（2008）は，新生児期に赤ちゃんは母親の声を認識できるが，おそらくお腹の中でお母さんの声を聞きながら育っているので，赤ちゃんのアンテナとなって，外界からの刺激を選び取ることをしていると述べています。このことは，子宮内で最も早い学習が始まることを示しています。

　通常，子どもは言語や表現力のある言語が発達する前に受容言語能力を発達させます（Guess, D 1969）。受容言語は，言語の内部処理と理解です。受容言語が増加し続けるにつれて，表現言語が徐々に発達し始めます。

　乳幼児の言語獲得の過程を表7-1に示しました。

表7-1　乳幼児の言語獲得の過程

	年齢	具体例
産声	0日	うまれて直後の泣き声。
クーイング	2ヶ月〜	「あ〜う〜」「く〜」などの柔らかな声。ゆとりのある時に発することが多い。
喃語（自閉的）	3ヶ月〜	言葉の一人遊び，「ぶ　ぶ・・」「あ　あ・・」意味を伴わない声。
喃語（社会的）	6ヶ月〜	擬態語・擬声語の模倣としての喃語，人のいるときに発する声。
一語文	1歳中旬	「わんわん」（犬）「まんま」（ご飯）一つの言葉で全てを表す。
二語文・三語文	2歳〜	「わんわ，いく」「パパねんね」2つの言葉で文章を表す。
多語文	3歳〜	完全な三，四音節語，五，六語文を話す。
文章の完成	5歳〜	完全な文章としてしゃべることができる。

　子どもが人生の最初の5年間に通過する明確段階があります。さらに，各段階には，特徴があります。たとえば，2語文の段階までは，名詞や動詞のみが発生します。その後，

子どもは，接続詞または前置詞を使用し始めます。もう1つの特徴は，過拡張です。子どもは常に意味を過度に拡張することによって意味を習得し始めます。たとえば，最初に直面する乗り物が電車である場合，踏切も，線路も電車という単語を使用することがあります。その後，子どもの言語は過拡張から特定へと移動します。彼らの言語は，すべての言語レベルで区別されていません。時間が経つにつれて，彼らは周囲からこれらに繰り返し直面するにつれて，多くの区別を導入します。言語の区別の増加は，認知発達の増加に関連している可能性があります。子どもの世界に対する認識と理解がより差別化されるほど，子どもはこれを言語で反映しようと努力します。

3. 言葉の発達の理論

　言語発達は，子どもたちが言語入力から形や意味，単語や発話の使用法を習得する通常の学習プロセスによって進行すると考えられています。しかし，文章として使いこなすための理論はいろいろあります。以下を紹介します。

1 学習理論による言語獲得過程　: Skinner (スキナー)

　スキナーが提唱した行動主義理論は，言葉がオペラント条件付け（参照第4章），すなわち刺激の模倣と正しい反応の強化によって学習されることを示唆しています。新しい研究では，現在，この理論を使用して，自閉症スペクトラム障害と診断された個人を治療しています。

2 変形生成文法理論: Chomsky, A. N (1928-)

　変形生成文法理論とは，生得的に言語を習得する機能が備わっているという理論です（Chomsky, 1959）。チョムスキーは，すべての子どもが自然言語獲得装置（LAD）と呼ばれるものを持っていると言います。LADは，すべての言語に対する一連の普遍的な構文規則を持つ脳の領域です。このデバイスは，最小限の外部入力と少ない経験で知識を理解し，新しい文章を構築する能力を子どもたちに提供します。チョムスキーは，環境からの言語入力は限られており，エラーが多いと主張しています。感覚的経験とは無関係に，特定の構造ルールが人間に生得的であると仮定しています。

3 ピアジェ（1896-1980）の認知発達理論

　ピアジェは，生物学者でした。自分の子どもを観察し，認知発達理論を考えました。20世紀最大の発達心理学者と言えます。言葉の発達だけでなく，認知・社会性の発達にも関わりました。

　ピアジェは，子どもが考えや知識を獲得する過程について，広範な理論体系をつくり

ました（波多野，1986）。例えば，小学校3，4年生になると，分数や小数など，学習内容が具体的な内容から抽象的内容になって，つまずく児童が出てきますが，ピアジェは，これを「9歳の壁」と呼んでいます。　具体的にピアジェの理論を説明します。

　4つの発達段階は，ピアジェの理論では次のように説明されています。

感覚運動段階：誕生から2歳まで。子どもたちは，動きと感覚を通して世界を体験します。感覚運動段階では，子どもは非常に自己中心的です。つまり，他人の視点から世界を知覚することはできません。
　この時期の特徴
　①　循環反応：乳児は感覚と2種類のスキーマ（習慣反応と循環反応）を調整することを学びます。主な循環反応は，乳児が偶然に起こった出来事（例：指を吸う）を再現しようとした場合です。
　②　対象物の永続性：対象物の永続性については，後の数ヶ月から次の段階の早い段階で理解し始めます。つまり，対象物を見ることができなくても対象物が存在し続けることを理解しています。例をあげます。子どもは，1歳すぎますとお母さんが台所からいなくなっても，どこかの部屋にいることを予測できるようになります。
　③　シンボル機能：物事を象徴的に捉え，認識できる機能です。犬のぬいぐるみと犬の写真を見て「どちらも犬だ」と分かります。

前操作の段階：2歳から7歳まで。認知発達の操作ができるようになる前の段階です。ピアジェは，子どもたちはまだ具体的な論理を理解しておらず，精神的に情報を操作できないと指摘しました。この段階では，子どもの遊びが増加します。ただし，子どもはさまざまな観点から物事を見るのに苦労しています。子どもの遊びは，主にごっこ遊びと記号の操作に分類されます。このような遊びは，紙が皿であり，箱がテーブルであるという考えによって実証されています。彼らのシンボルの観察は，実際の対象物が含まれていないという遊びのアイデアを例示しています。遊びを観察することで，ピアジェは2年目の終わり頃に，前操作段階として知られる質的に新しい種類の心理的機能が発生することを実証することができました。
　この時期の特徴
　④　自己中心性：子どもはまだ認知的な操作を実行できません。この段階で考えることはまだ自己中心です。つまり，子どもは他者の視点を見ることが困難です。
　⑤　保存性の未発達：物の形が変化しても量や性質が変わらないことは理解できません。この時代の子どもは量が変わったと考えます。

図7-1　みなさんは，Ⅱをみて，水が多いのはＡＢのビーカーのどちらだと思いますか？

⑥　アミニズム：ものや事柄に命や意志があるように考えます。「おもちゃがいたい。かわいそう」という感情が湧きます。

　大澤（2008）は言葉の発達について次のように述べています。この段階において達成することができるのは，言語の構築です。最初は，言語は自己中心的で非社会的なものですが，徐々にコミュニケーションを目的とした社会的なものへと変化していきます。言い換えればこの段階における言語は最初自己を中心に回転する主観的なものであると考えられますが，自己の発達に伴い，コミュニケーションという目的に沿った言語使用が出来るようになります。

　具体的な運用段階：7歳から11歳まで。子どもたちは今では論理的に保存し，考えることができます（可逆性を理解しています）が，物理的に操作できるものに制限されています。彼らはもはや自己中心ではありません。この段階で，子どもたちは論理と保護，以前は彼らにとって異質だったトピックをより意識するようになります。子どもたちはまた，分類スキルで劇的に改善します
　この時期の特徴
　　⑦　保存性の習得：見た目に惑わされなくなります。図7-1を見ても，量は変わらないと答えるようになります。
　　⑧　脱自己中心性：自己中心的な考え方から脱却し，共感力が育ち他人の立場がわかるようになります。

　大澤（2008）は言葉の発達について次のように述べています。依然として抽象的な概念を操作することは難しいです。例えば言語に関して言えば，目の前に「りんご」が存在していれば，それを理解した上で働きかけることができます。けれども「誠実さ」や「賢明」などのような抽象的な概念になると，より発達した子どもや大人の助けを借りるなどして働きかけない限り，言葉の表象を理解することができません。

形式的操作期：11歳から16歳まで（抽象的な推論の開発）。子どもたちは抽象的な思考を発達させ，心の中で論理的に保存し，考えることができます。この開発段階では，抽象的な思考が新たに存在します。子どもたちは今では抽象的に考え，メタ認知を活用することができます。これに加えて，この時期の子どもは，多くの場合複数のステップで，問題解決に向けられたより多くのスキルを示します。

　大澤（2008）は言葉の発達について次のように述べています。最終的にこの段階になって，人は具体的なものだけではなく，抽象的あるいは仮説的な状況を取り扱うことができるようになります。

　ピアジェは，知的発達をスキーマ（大きなフレーム）の「同化」と「調節」の相互作用によるものとしました。「同化」とは，外部から知識を取り入れることです。しかしそれだけでは，知識は活かすことができません。「調節」とは，自分のなかに取り入れる，自分の経験などに照らし合わせ新しい概念として取り入れることです。児童生徒への「同化から調節へと向かうようサポートする学習支援」に教師が果たすべき役割はたいへん重要です。

④ 社会文化的発達理論，発達の最近接領域（ヴィゴツキー）

　神谷（2004）は，ピアジェが人間の思考の発達を生物的概念を用いて説明し，すべての子どもに共通する発達段階を提唱したのに対して，ヴィゴツキーは，人間の精神発達の起源は，社会や文化的営みのなかにあると考えたと述べています。これが，ヴィゴツキーの社会文化的発達理論です。ピアジェとヴィゴツキーの説を比較すれば，ピアジェは，年齢を軸に発達理論を体系化したのに対し，ヴィゴツキーは，年齢ではなく社会文化的営みを軸にして思考の発達を捉えたといえるでしょう。ヴィゴツキーは，子どもは，伝達の道具である言葉（外がい言げん）から，思考としての言葉（内ない言げん）を扱えるように発達し，精神の内部に抽象的・論理的な思考力を形成すると考えたのです。

　さらに，ヴィゴツキーは，すでに達成された発達水準と，教師や子ども同士の援助のもとに達成可能な水準との間に横たわる「発達の最近接領域」と呼ばれる領域に注目し，教師や仲間と適切なコミュニケーションをとり，必要に応じて助言や援助などの支援を受けることがもつ意義について指摘しました。まわりの大人による言葉がけの援助が，学童期の子どもの具体的思考から抽象的思考への移行へと働きかけるのです。この時期に，目に見えるものから，目に見えないものへと思考が発達し，問題解決力が高まっていきます。つまり，子どもの発達は，教育によって触発されて成長するものであり，教師はそこに目を向ける必要があるのです。

5. 言葉の学習

　いろいろな理論を用いて言葉の発達過程を説明してきました。言葉の学習については，社会との関わりの中で，身に付いていくことは明らかです。個人と社会との関わりの中で言葉は作られ習得されます。そして，より多くの個々人（社会）の中で，造成され次世代に伝承され，認知的構築物として維持されます（辻，2010）。そして，子どもも大人も社会的な関わりが言語習得の必要条件であることは変わりません。

6. 認知の発達

　認知とは，人間などが外界にある対象が何であるかを判断したり解釈したりする過程のことです。前節では言葉の発達について述べてきました。心理学（ここ）では，言語だけでなく範囲が広がり，知覚・記憶・想像・推論・決定等の要素をまとめて認知と呼びます。

1 心の理論

　心の理論とは，人間の心がどのように働いて，行動に影響するのか，心理状態の理解の機能をいいます。

　子どもに図7-2の絵を見せます。サリーは籠の中に，ビー玉をいれます。それをアンは見ています。アンはサリーがいないときにビー玉を箱の中にいれます。子どもに「サリーはビー玉を見つけるために，籠か箱どちらを捜しますか」と質問します。そうしますと3歳では箱と答えます。しかし，4歳をこえた子どもでは籠と答えます。

　ASD（自閉スペクトラム症）児ではこの課題はなかなかできません。ASD児とは，社会性およびコミュニケーション能力に障害がある方です。他者の気持ちを理解したり，共感したりすることが苦手です。他者の視点に立つ能力が弱いため上記の課題ができません。しかし，言語能力に一定の力のある9歳以降の

図7-2　サリーとアンの課題
https://ameblo.jp/animostyle/entry-11656297060.html

ASD児は言語的な方略によって理解し，課題ができるようになります（辻, 2010）。つまり，「サリーはビー玉を箱に入れたときいなかったから」という言葉の力で正解を導くことができます。

② メタ認知

　メタとは高次という意味です。自らの認知や行動をモニターし，目的に沿って柔軟に制御する知識や判断を伴う認知活動のことです（辻, 2010）。ここには，認知の方略も含まれます。

　筆者は，メタ認知を理解することで，自分の得意な所・不得意な所がわかり対策をたてることができると思います。得意な所は生かし，不得意なところは，誰かに助けてもらい社会を前進させることができると考えます。

③ 記憶の方略

　記憶に当たっては，記憶を助ける方略を助けることが記憶の発達に繋がることと考えています。たとえば，記憶を繰り返したら，記憶に情報をつけて記憶をとどめたりすることです。それが本格化するのが児童期と言われています。そのためには，学習者が能動的に自分の課題解決力を検討する必要があると考えられています（小島・森下, 2004）。

6．関連する幼児教育・保育等

　文部科学省（2019）は，主に幼稚園の教師を対象として「幼児理解に基づいた評価」の資料を作成しました。幼保連携型認定こども園教育・保育要領においても「園児の理解に基づいた評価の実施」は同様に示されており，幼保連携型認定こども園の保育教諭等においても，特に満3歳以上の園児の教育及び保育を充実させていく上で，参考になるものとしています。一部を紹介しますが，これらの理論を現場ではどのように具現化し，幼児の教育に生かそうとしているか考えてみてください。

> 小学校の教育では自ら考えたことを言葉で表現し教師や友達と意見を交換しながら自らの考えを深める学習が中心となります。幼稚園の教育では，生活体験を通して，その基盤となる言葉による豊かな表現や言葉の感覚などをはぐくむとともに，言葉による伝え合いを育てていくことが大切です。幼児と教師が一緒になり，声にならない声も互いに聞き取り，つなげていきます。それらが言葉による表現活動や質問活動に展開していくとともに，物事を言葉の表現を通して考えていく際の基礎となっていくのです。すなわち，学校教育が十分に機能するためにも，幼児期に体を使って十分に活動し，様々な対象にかかわり，また，その体験を言葉その他により表現し，振り返ることも大切なのです。こうしたことが，小学校教育に引き継がれ，小学校の授業を成り立たせる力へとつながっていきます。

このように，幼稚園では小学校以降の生活や学習の基盤を成り立たせる根本の力を育てています。それを幼稚園の教師が自覚し発展させつつ，幼稚園教育の在り方を問い続けていくことで，学校教育としての連続性を確かなものにしていくことができるのです。

文部科学省（2019）　第1章　幼児理解と評価の基本より

〈事例 ： エピソードからs児の発達の特徴を捉える〉

　M教師は、保育の中で心に残ったエピソードを記録に残している。記録には、できるだけ教師が受け止めたことや願い、指導の振り返りなどを記入するように心掛けている。取りためた記録を一学期ごとに個人別に整理してまとめて、次の時期の指導を考える資料にしている。一年の終わりには、それらのまとめから一年間を振り返って、その幼児の発達する姿を読み取り「指導に関する記録」に記入する内容としている。

—s児（2年保育4歳児）の記録・エピソードのまとめ—
各学期の記録から、s児の発達を読み取る

1学期

○ 積み木遊びや絵本を見るなど、静かな遊びが多い。戸外での遊びに誘い入れてもいつの間にか保育室へ。保育室がs児の安定できる場所なのか。考えたり工夫したりすることが好きなのか。

○ 遊びの中での会話が少ない。話し掛けても言葉が返ってこない。しかし、気の合った友達とだけは例外。楽しそうに言葉を交わしている。

○ s児の遊びを広げようと働き掛けることがマイナスになったかもしれない。教師が多少うるさい存在と受け止められたようだ。気の合った友達と二人の世界を楽しめるように見守ることが必要ではないか。

2学期

○気の合った友達を仲立ちにして友達が増えてくる。友達と一緒に走りまわったり、戸外で運動したりするなど遊びが広がったが、その友達が欠席するとたちまち元気がなくなる。

○ 友達と言葉を交わす楽しさを味わっている姿が見られるようになった。s児が遊びの中で「できた」と言ったことがきっかけのようだ。「できた」「でけた」と繰り返して笑い合っていた。

3学期

○ 遊び仲間が増える。s児の発想や作るものが魅力らしい。遊びも基地ごっこやサッカーごっこなど、体を動かして楽しむことに広がってきた。

○ 口げんかが多くなる。理屈にならない理屈もあるが、とにかくいろいろ自己主張をしている。1学期の無口なs児とは見違える姿。

○ 2月中旬ぐらいから今日はこれをすると自分で目的をもって張り切って登園してくる姿が続く。友達と待ち合わせたり、ふざけ合ったり、一つの遊びを長時間楽しんだり、幼稚園の一日を思い切り楽しんでいる様子がある。

「指導に関する記録」に記入したい内容

① 「ねらい（発達を捉える視点）」から幼児の姿を振り返り，年度当初と比べて大きく変容したことは何か。
　　○自分の思いを言葉で伝えたり，会話を楽しんだりするようになった。
　　○表情が明るくなり，目的をもって登園するようになった。
　　○遊びが広がり，体を動かして遊ぶことが多くなった。
② s 児のよさは何か，伸びてほしいことは何か。
　　○いろいろな素材を工夫して遊びに使うものを作るなど，長時間集中して取り組んでいる。
③ 指導に対する考察と今後の指導をどうすればよいか。
　　この事例では，M教師は，次のような順序で，日常の保育の記録を指導要録の記入に役立てている。
　　○月や学期ごとに記録をまとめる。
　　　ア　日常の記録を日付を追って，順に並べてみる。
　　　イ　いつ頃，どのような生活をする姿が見られたか。変容や特徴を捉え直してみる。
　　　ウ　変容や特徴の背景にある教師の指導や周囲の状況を振り返ってみる。
　　○一年の終わりに学期ごとのまとめを総括して，発達する姿を捉える。
　　　ア　①の視点から。
　　　　・学年の指導の重点に向かって，どのように育っているかを見る。
　　　　・ねらい（発達を捉える視点）から見て，著しく変容している点を捉える。
　　　　（指導上参考となる事項）
　　　イ　②の視点から幼児の姿を捉え，その幼児の何が伸びてほしいと願うのか，どのようにすれば伸びるのかを考察する。（指導上参考となる事項）
　　　ウ　③の視点からまとめを見直し，その幼児に対して，どのような指導を行ってきたかを振り返ってみる。一番重視してきたことを捉える。（個人の指導の重点）

【引用文献】

Guess, D (1969). "A functional analysis of receptive language and productive speech: acquisition of the plural morpheme". Journal of Applied Behavior Analysis. 2 (1) : 55–64.

Graven, Stanley N. MD; Browne, Joy V. (2008). "Auditory development in the fetus and infant". Newborn and Infant Nursing Reviews. 8 (4) : 187–193. doi:10.1053/j.nainr.2008.10.010.

神谷栄司 (2004). ヴィゴツキーの情動論と「人間の心理学」『ヴィゴツキー学』第 5 巻

小嶋秀夫・森下正康 (2004)　児童心理学への招待―学童期の発達と生活　サイエンス社

文部科学省 (2019) 幼児理解に基づいた評価

大澤真也 (2008) ピアジェとヴィゴツキーの理論における認知発達の概念―言語習得研究への示唆―

辻幸夫 (2010). 言語の習得　佐伯胖監修学びの認知科学事典　大修館書店

第 **8** 章

乳幼児から青年期の
社会性の発達

課題：私たちの人生は，よいことばかりではありません。危機はどのような意味があるでしょうか？

1. 心理・社会の発達に関する理論 変化と危機

　人間が発達課題を乗り越えるときには，葛藤が生じ，心理・社会的危機になります。つまり，危機は，新しい段階に入るための成長の機会でもあります。成長には葛藤が伴うため，山を登るときのように下りながらすすむこともあります（図8-1）。さらに，多様な人生があるように，多様な家族が存在します。たとえば，幼い子は母親との関係において，危機があるかもしれませんが，他の養育者（祖母・里親等）と助け合うことで，「信頼」という人生の発達課題を獲得していく可能性があります。基本的な理論を知り，社会で子どもを支える体制をつくっていきましょう。

図8-1　成長の過程

2. 愛着理論

　ここでは，誕生から幼児・児童・青年へとどのように人間が社会性を身に付けていくか心理学の視点で明らかにします。新生児とは生後1ヶ月までの赤ちゃんをいいます。新生児は即座にしかも深くコミュニケーションに参加し，誕生時すでに社会的孤立を免れています（Condon & Sander,1974）。産まれながらにして，人の声に反応し体を動かすのです。また，大人も赤ちゃんのかわいさからほほえむのです。代表的な理論を紹介します。

① 愛着理論：ボウルビィ（Bowlby, John. 1907-1990）

　ボウルビィは最初の愛着理論家であり，愛着を「人間間の永続的な心理的つながり」として説明しました。愛着理論の中心テーマは，乳児のニーズに応えて対応できる養育者が，子どもに安心感を与えることです。乳児は，養育者が信頼できることを知っているため，子どもが世界を探索するための安全な基盤ができます（表8-1）。

表8-1　ボウルビィの愛着の段階

特徴	年齢	行動
プレアタッチメント	新生児〜6週間	新生児は，泣く，笑う，アイコンタクトをするなど，大人を引き付けるような行動をとることを知っている。まだ養育者に愛着はないが，他人の存在に癒される。
愛着の作成	生後6週間〜8ヶ月	乳児は，必要なときに養育者に頼ることができるという点で，養育者への信頼感を養い始める。彼らは養育者からより早く落ち着き，養育者の隣でより頻繁に笑顔になる。喃語をいう（babbling），泣き叫ぶ。

特徴	年齢	行動
探索行動	6ヶ月〜2歳	乳児は他の誰よりも養育者を好み，養育者が去るとき分離不安を経験する。分離不安の強さは，乳児の気質と，介護者が乳児を反応させて落ち着かせる方法に影響される。
相互関係の形成	18ヶ月〜数年	言語が発達するにつれて，分離不安が低下する。これで，乳児は養育者がいつ出ていくのか，いつ帰ってくるのかを理解する。また，養育者が肉体的にいなくても，いつも養育者がいることを知っているという安心感が生まれる。ボウルビィは，この安心感を内的作業モデルと呼んでいた。

https://www.learning-theories.com/attachment-theory-bowlby.html

　内的作業モデル：養育者との愛着が内在化され，他者との関係の取り方に発展するモデルです。被虐待児における愛着障害が大きな問題になっています（山下, 2012; 友田 ,2018）。ボウルビィは「愛着行動は乳児期が過ぎると消えるのではなく，人間の一生を通して存在する」としています。ボウルビィの先見性があるものでしょう。また，遠藤（2010）は，近年の内的作業モデルの研究について，加齢に伴い私たちは，良くも悪くも自身の内的作業モデルに合致した対人関係や社会環境を身の回りに構築しやすくなります。しかし逆に，内的作業モデルに変更を加えうるような，それまでとは異質な対人関係を遠ざけてしまうと述べています。

　母性剥奪：母性的養育環境が極端に阻害された状況のことをいいます。母性剥奪を経験すると，対人関係に一貫性がなくなったり，意図を取り違えたりするようになります。

2 ストレンジ・シチュエーション実験 (Ainsworth ら, 1969)

　実験（図8-2）は，①②おもちゃのある見知らぬ部屋で母子が一緒にいて慣れさせます。③1名の見知らぬ女性が加わります。④母親が見知らぬ人と乳児を残して立ち去り，子どもは分離不安を経験します。⑤母親が戻ります。⑥このような場面が設定されるます。この結果，子どものタイプを4つに分けることができました。

Create your own at Storyboard That

図8-2　ストレンジ・シチュエーション実験
https://www.storyboardthat.com/storyboards/indyryan/unknown-story

　Ａ型（回避型）は，母親が退席しても，悲しくなることはなく，再会しても喜びを示さない。

　Ｂ型（安定型）は，母親がいれば見知らぬ人にも親しくふるまうことができ，再会でも強い喜びを示します。

　Ｃ型（アンビバレント）は，分離後も再会後も混乱を示すタイプです。

　Ｄ型（無秩序型）は，どのタイプにも当てはまらないタイプです。

　エインズワースは，愛着の強度だけではなく，子どもの安全性（security）の次元の評価も重視します。見知らぬ場面で見知らぬ人によって苦悩することなく，母親がいないときにも母親の所在を推測し，母親が戻ると歓迎する子どもは，安全に愛着していると評価されました。この安全基地効果によって，乳幼児は，愛着のある人から離れても探索行動を行うことができて社会をひろげていきます。その時には，ぬいぐるみや，ハンカチ，指しゃぶりのような移行対象（ウィニコット，1962）が安全基地効果の働きをします。

　また，国によってもタイプ別頻度が異なるようです。アメリカ・スウェーデン・イスラエルは，Ｂ型もいますが，Ａ型もかなり多いです（藤永，1997）。つまり，育児の文化にも影響されるようです。

分離不安と分離―個体化

　ボウルビィは，養育者が子どもの側にいて子どもが恐怖を体験しないとき，子どもは安心感を覚えると述べました。逆に，養育者が物理的にいなければ（病気で隔離されているなど）子どもは強い不安を覚えると述べました。小学校の入学時に，母親と離れることができず不登校になる児童もいます。学年が進行しても，子どもにとって何らかの負荷がかかれば，それまでの母子の関係の課題の表れ，分離不安をあらわす場合もあります。さらに，マーラーは，愛着のあるものからの，分離―個体化過程を明らかにしました。個体化のためには，2～6ヶ月の乳児と養育者の共生時期が重要であるとしました。この考え方を発展させて，ブロス（1962）は，青年期を第二の分離―個体化としました。

　現在の日本の愛着研究の状況を説明します。葛藤のある心理的に解決していない未解決型の母親の子どもは，他の母親のタイプの子どもより安定が低いことが明らかになりました（数井・遠藤・田中・坂上・菅沼，2000）。このように，母親と子どもの情緒は深く関係しています。児童生徒の母親の中には，葛藤を持った人もおられます。教師が，児童生徒のために，母親と上手に対応することは重要なテーマだと思います。

3. 愛着喪失と強化

　配偶者や親の死・両親の離婚によって，時にうつ状態に陥ることがあります。これが，愛着の喪失です。中には，悲しみが表現できないほど落ち込むこともあります。したがって，愛着の喪失は外傷体験にもなります。愛着の喪失によるリスクは，幼児ばかりでなく成人にもあります。

　子どもは，虐待する親に愛着を強く示す場合があります。虐待する親は，憎悪が激しいため子どもは親から拒絶されることが怖くて，逆に愛着が増すのが原因です。親が子どもの要求に敏感であり，閉ざされた世界ではとくに愛着が増します。愛着は，人間関係の原点といえます。

　教育の世界では，「援助したほど指導が入る」という言葉があります。教師が児童生徒に対して，支援し深くかかわり，児童生徒が，教師に対して特別な結びつきをもつようになります。そうすると，教科や生活の指導がうまくいくという意味です。愛着理論と教育は，深い関係があるかもしれません。教師の児童生徒への適切な援助によって，良い関係をつくり，指導していきたいものです。

4. 父親の育児参加

　加藤・石井・牧野・土谷（2002）は，父親の育児による3歳児の社会性への影響を調べました。1997～1998年のデータと1992～1993年のデータとを比較しました。その結果，3歳児の社会性に関しては，父親の育児かかわり要因が有意な関連を持つことが

明らかとなり，子どもの社会性の発達に父親の育児かかわりが直接的な影響を与えていたと述べています。また，間接要因として，父親参加により夫婦の会話頻度が高くなり，夫婦関係による影響が示唆されたことも述べています。

5．仲間との関係

遊びと社会性

　歴代の著名な研究者，ジグムントフロイト，カールユング，ヴィゴツキー，エリクソンなどは，遊びは人間の種に限定されていると考えており，遊びは人間の発達にとって重要であるという理論を証明しています。たとえば，ヴィゴツキーは，「子どもは遊びを気晴らしや快楽を求めてするわけではなく，遊びは『発達するために』おこなっているのだ」と指摘しています。当然そこには遊びの工夫だけでなく，思いやりや協調性・ルール作りなどの社会性の育成にも関わるものがあります。

　佐藤・高橋（2000）は，3歳児から5歳児までを調査対象年齢とした3幼稚園，6保育園の園児達が集まる過程をビデオ撮影し行動分類すると以下のものがありました。
　模倣連鎖型：ある園児がした行為をみて，一方的（話しかけない）にまねをする（摸倣表現）過程。集合はできるが，両者が互いに他を理解できているわけではない。
　相互比較・競争型：ある園児がした行為について，相互に比較・競争（相互浸透）する過程。
　勧誘型：特定個人に，一緒に遊ぶことを言葉で勧誘するというもの。人の勧誘と遊びがあり，さらに勧誘がある。人：「〜君遊ぼう」，遊び：「〜して遊ぼう」など言葉かけがある。両方が混合した誘い言葉もある。
　滲入型：既にできあがった集合に対して，参入していく。
　呼集型：「〜するものこの指とまれ」などと言い，ある遊びに対する賛同者を呼び集めるもの。
　これらのデータから，子どもたちが遊びを通して，人との関わりや，遊びを深めていることがわかります。

　遊びはしばしば軽薄と解釈されます。遊びはリラックスした，自由で自発的なものから，軽薄なものから計画的または強迫的なものまであります。遊びは単なる娯楽活動ではありません。青年，成人，および認知的に進行した非ヒト種（霊長類など）の日常生活の多くの側面で重要なツールとして役立つ可能性があります。遊びは身体の発達（手と目の協調など）を促進および支援するだけでなく，認知発達と社会的スキルも支援し，統合の世界への足がかりとしても機能します。遊びはほとんどの子どもが参加するものですが，遊びの実行方法は文化によって異なり，子供が遊びに参加する方法は普遍的に

異なります。

6．仲間の変化

　保坂・岡村 (1992) は児童期の gang-group による仲間集団の同一行動による一体感を感じる課題思春期の chum-group の共通性・類似性を確かめ合う課題青年期の peer-group による異質性を認め合いの課題としています。それ以降は「相棒」を重要な関係として捉えました (Sullivan, 1953)。同性同輩と 1 対 1 の親密な関係を築くことにより，親に言えなかったことを仲間に打ち明け，自立への手がかりとするのです。

① 小学生の遊びと社会性
　次の研究は，小学生 5・6 年生の遊び能力と社会性との関係をみたものです (野本・石野, 2015)。遊ぶ能力尺度は，遊んでいる際にどの程度楽しいと感じているのか等を測ります。また，社会性については，庄司 (1991) が作成した児童・生徒用社会的スキル尺度等を用いました。項目例として，「わたしは，友達が困っている時，手助けをする」「わたしは友達を遊びに誘う」等から成り立っています。調査の結果，遊び能力が高いほど，社会的スキルが高くなるということが明らかになりました。野本・石野 (2015) は，児童たちは遊びの中で，友達との協力や自分の意見の主張，時にはけんかなどを乗り越えていくことで社会的スキルを高めていると推察できるとしています。また，第 5 学年，第 6 学年はギャング・エイジに当たり，徒党を組んでいると考えられ，ギャング集団は，同年齢・同性・相似した性格と同じ欲求を持つ同輩の閉鎖的集団であり，成員は集団への協力と忠誠を誓うという特徴がみられます。このようなギャング集団内で遊ぶことにより，仲間との人間関係の形成・維持を円滑に行なうための技能である，社会的スキルを身に付けていると推察できるとしています。

7．児童自立支援施設における虐待を受けた子どもに対する支援

　児童自立支援施設とは，犯罪などの不良行為をしたりするおそれがある児童や，家庭環境等から生活指導を要する児童を入所または通所させ，必要な指導を行って自立を支援する児童福祉施設です。大迫 (2003) は，児童自立支援施設で，環境を整えながら，非行傾向の小学生を支援した事例を報告しています。その支援の一部を紹介します。
　少人数の子ども集団に対して信頼できる大人が常にそばに居るという生活環境下において，子どもが安心感，サポート感を持ちながら安定した生活を送ることができるように配慮し，基本的な信頼感を育めるようにすることを目指しました。その中で，子どもの示す問題行動に対しては，子どもを観察しながら，できるだけ望ましい行動への置き換えを進めていくようにしました。その中での遊びの時間についての様子を示します。

自由時間（活動）の活用　これら日課の他にケアワーカーや子どもが自由に使える時間に対する考え方も重要であり，特に，遊びや様々な経験といった活動の持つ意義を重視することになる。

(1) 遊びの活用　入所児童の場合には，劣悪な生活環境の中で文化的な刺激に触れたり，適切な対人交流を行ったりするといった経験の不足が大きく，そのために身体的，情緒的発達が遅れたり，社会性を身につける機会を失っていたりすることが認められた。そのため，そのような機会を積極的に提供する必要があるが，その際には，子どもの遊びが持つ意義に着目し，自由な時間には，できる限り遊びの時間を持つことができるように配慮した。ただし，その際には，問題を起こしやすくかつ自発的には遊べない子どもたちであるために，子どもの状態に応じながら適切な遊び課題設定を行った（スポーツ指導時のグループワークも含む）。あるいは，ケアワーカー主導となって遊びに導いていき，適切な時期を見て，子ども主導に移行させていったりするという配慮を行った。全く遊びを知らず，テレビを見ることしかできないような子どもや全く遊びのルールを身につけていないような子どももいたが，ケアワーカーが介入しながらも子どもの自主性を尊重しつつ，子どもの遊びを発展させていくことによって，少しずつ子どもの情緒的な発達や社会性を育むことが可能となった。

○自閉症スペクトラム障害児の集団でのコミュニケーション・ソーシャルスキル支援

　高橋（2005）は，小学生の自閉症スペクトラム障害児の集団に対して，スクリプト（会話の筋書）を子どもに分かりやすく構成することや，ごっこ遊び，役割の決まったゲームなどルーティンを用い，伝達場面設定型の指導を行い，その上で，子どもが場面に応じてやりとりのパターンを理解し，自発的な発話ができるように援助を行う事例を紹介しています。その結果，大人の丁寧で意図的な援助により，子ども間での相互交渉が，社会的な方略を知ることに始まり，問題解決を通じて，自己の心情を相手に伝えたり，逆に相手の心情に気づいたり配慮するように深められることが明らかにできたと報告している。

8. 子どものころの遊びと大学生の危険感受性

　子どものころの遊びと大学生への影響を検討した論文を紹介します。因果関係はわかりませんが，相関関係があった調査です。次の研究は，子どものころの遊び体験と成人後の危険感受性の関連をみたものです（田口・大森・福島・八重樫・田口，2015）。

　危険感受性の質問は，安全意識と安全行動からできています。たとえば安全意識は「踏切を渡ろうとして手前まで歩いてきたとき，警報が鳴り，遮断機が降りはじめたので走って踏切を渡った」の質問を100点満点の危険度で答えます。安全行動は「踏切を渡ろうとして手前まで歩いてきたとき，警報が鳴り，遮断機が降りはじめたので，走って踏切を渡った」を決して行わない0%，必ず行う場合100%で答えます。その結果，子ども時代に積極的に遊び体験をした学生は，危険感受性が高かったのです。

　このように，子どものころの遊びはいろいろなところに影響を与えている可能性があ

ります。

【引用文献】

遠藤利彦 (2010). アタッチメント理論の現在— 生涯発達と臨床実践の視座からその行方を占う — 東京大学大学院教育学研究科

保坂享・岡村達也 (1992)：キャンパスエンカウンター・グループの意義と実施上に試案. 千葉大学教育学部研究紀要 40, 113-122.

藤永保 (1997). 愛着システムの5国間比較文化的研究 国際基督教大学学報

加藤邦子・石井クンツ昌子・牧野カッコ・十谷みち子 (2002). 父親の育児かかわり及び母親の育児不安が3歳児の社会性に及ぼす影響：社会的背景の異なる2つのコホート比較から 発達心理学研究, 13,1,pp.30-41

中野明徳 (2017). ジョン・ボウルビィの愛着理論— その生成過程と現代的意義— 別府大学大学院紀要, 19, pp,49-67,

野本浩太郎・石野陽子 (2015). 小学校高学年児童における遊び能力と社会的スキルの心理学的研究 教育臨床総合研究 14, pp75-88

大迫秀樹 (2003) 虐待を受けた子どもに対する環境療法：児童自立支援施設における非行傾向のある小学生に対する治療教育 発達心理学研究 14 (1), pp.77-89

田口豊郁・大森彩子・福島康弘・八重樫牧子・田口陽子 (2015) 子どもの頃の遊び体験と, 成人後の安全認識および不安全行動との関連—社会福祉施設従事者および社会福祉系大学生を対象とした質問紙調査—川崎医療短期大学紀要, 35,pp.25-33

友田明美 (2018) - アタッチメント (愛着) 障害と脳科学児童青年精神医学とその近接領域, 59, 3, pp.260-265.

山下 洋 (2012). 思春期問題の背景にある愛着障害について 総合病院精神医学, 24,3, pp.230-237

佐藤将之・高橋鷹志 (2000). 遊びにおける関係移行に関する考察：園児の社会性獲得と空間との相互関係についての研究日本建築学会計画系論文集 第 562 号, pp.151 – 156,

Sullivan, H. S. (1953). The interpersonal theory of psychiatry. (サリヴァン, H. S. ／中井久夫ら [訳] (1990). 精神医学は対人関係論である　みすず書房)

Winnicott, D. W. (1962)：Ego Integration in Child Development, In The Maturational Processes and the Facilitating Environment. Hogath Press, London. 牛島定信訳 (1977)：精神発達の精神分析理論. 岩崎学術出版社.

9．エリクソンの心理・社会的発達論を中心に

課題：若者がアイデンティティ（他者も認める自分らしさ）を確立するために, 周りはどのようなかかわりをしたらよいでしょうか。（関連する研究はこの章を読んで考えてみてください）

エリクソンは人生を8つの段階にわけ，生涯にわたっての発達段階を示すという重要な仕事をしました（Erukson,E.H.1989）。そして，発達段階は情動的危機をもち，発達課題に失敗したときと，成功したときの徳にわけました。フロイトの研究を引き継いでいますが，人間の発達は生物学，文化，社会との相互作用に影響されると述べました。ここでは，青年期までの，エリクソンの5段階と関連する理論を説明します。筆者はエリクソンの発達段階とそれに関わる重要な場所と人を示しました（図4-2-1）。家庭ばかりでなく，教師・学校の役割が大きいです。危機と成長は，裏表の関係といえます。コミュニケーションや問題解決，困難に陥った時の態度等，教師や大人は，児童生徒の良いモデルとして身近にいたいものです。

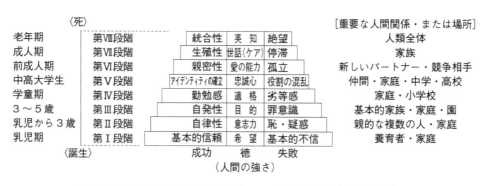

図8-3 エリクソンの発達図式（Erikuson,1982をもとに筆者作成）

① 乳児（基本的信頼と基本的不信　徳としての希望）

最初のテーマは，基本的信頼と基本的不信です。乳児と最初の重要な養育者（多くの場合母親）の間の経験で築かれます。そして，信頼は「絶対的な食べ物の量や愛情表現によって生ずるのでなく，母子関係の質」によって築かれます。未熟に生まれた乳児は，何もできません。お腹がすいても，おむつが汚れても泣くだけです。養育者がいつのまにか世話をしてくれて，乳児は心地よくなるのです。時には養育者が気づかず世話がうまくいかず乳児は不信に陥ります。それでも，トータルすれば，基本的信頼が勝り，希望という人生でもっとも重要な徳を得ます。

② 乳児〜3歳（自律性対恥と疑惑　徳としての意志）

この時期の幼児は，未熟な乳児と比較して，運動機能・歩行・言語・トイレトレーニング等基本的なことができるようになります。幼児は，養育者に全面的に頼らなくてもよくなって，自律性が芽生えるときです。もし，この時期の幼児が自分でやろうとしていたときに，親の調整や要求が強い場合は，子どもは自律性を失います。また，失敗するのではないか等必要以上の恥や疑惑の気持ちを持ちます。その結果，意志を抑制します。

幼児は，既にいろいろな大人の感情を読み取り自己に取り入れます。子どもが，何か

できたら，「ほめ」「励まし」によって自尊心が育ちます。そのような経過の積み重ねによって，意志という徳を得ることができます。

③ 3歳〜5歳（自発性対罪意識　徳としての目的）

ますます，運動機能・言葉の発達とともに行動範囲がひろがります。したがって，自発性がうまれ競争心もでます。勝つためには，上手くやるためにはどうしたらいいか工夫することができるようになります。この時期は，目的という徳を得ることができます。しかし，その自発性が失敗すれば，罪の意識になります。やはり必要なのは，大人の見守りによる適度なコントロールや，見本となるモデルです。

④ 学童（勤勉対劣等感　徳としての適格）

子ども達は，規則や規律の正しさに興味を増し，自己規制の能力が増加します。一生懸命勤勉に努力することにより，社会に認められ，自己効力感が増します。また，家族以外の人間関係が優先されます。特に性別を意識するようになり，同性同輩の友人が影響しあいます。同時に仲間との相互作用が重要な役割を担います。また，学童期は，活発な学びや遊びにより重要な能力が発達する時期です。大人や教師が認めることです。教師や仲間に認められて，適格という意識の徳を身につけます。

⑤ 中学生・高校生・大学生（アイデンティティと役割の混乱　徳としての忠誠心）

中学生・高校生・大学生の年齢を青年期といいます。青年期は，第二次性徴にともなって心身ともに大きく変化する時です。また，高校時代から精神病理が発症する時期でもあります。抽象的概念が発達して未来志向になります。青年期は，自分は何者でありどこにいくのか，考えるときです。アイデンティティとは，自分であることの独自性の意識です。自分の柱といってもよいでしょう。今までは，周りの人々をモデルに生きてきましたが，青年期は，もう一度自分らしさを確認し見つけ出す作業となります。そして，アイデンティティとは，自分だけが確認するのでなく，周りもそれを認めるというプロセスです。「○○のことだったらBさんに任せられるね」「Bさんは○○が得意」という認識を周りが持つということです。

アイデンティティの確立に失敗すると役割の混乱がおきます。無気力になったり，過剰な自意識を持ったりします。場合によっては，社会に所属する場所がなく非行やカルト集団という非社会的集団に所属することもあります。徳としては忠誠心が身につきます。忠誠心が身につきますと，矛盾があるにもかかわらず，自由な忠誠心のもと価値体系に従います。

この時期は，親からの分離独立の機会としてとらえられます。中には，分離不安になる人もいます。その際，幼児期の反抗と異なり，青年期の子どもは母親の膝の上にのったり，駄々をこねることはありません。親や教師は，わかりにくい青年期の子どもの自

立と不安を理解し，タイミングよく支援する必要があります。

　また，職業と自己が関係しあうことが，分かってきました。人は，職業を持つことにより，自己を形成するのです。若者のキャリア教育を検討することは教師や大人の務めだと思います。

10. 同性同輩の親密な関係

　エリクソンの青年期の発達論の現状を説明します。牛尾（2009）は，臨床事例から，同性同輩の仲間グループや同性同輩の1対1の関係により葛藤を自立に向かわせていたシステムが，延長してでも行われていると述べています。そして，前青年期および青年期の延長のため，現在の若者は40歳になって初めて大人になるとしています。これは，臨床事例からですので，ほんの一握りの人々かもしれません。

11. アイデンティティ形成とその支援

　橋本（2020）は，アイデンティティがどのように築かれていくか，大学生に過去を振り返ってもらい研究を行いました。その結果を説明します。アイデンティティの基礎を作っていくためには，現在を肯定させるだけではなく，未来に対して肯定的イメージを持たせる必要があることが明らかになりました。そのために，現在や過去に対してポジティブなイメージを持つことができるような支援が，発達課題の克服の支援として教育現場では効果的ではないかと考えます。さらに，肯定的なイメージでは，多くの記述が集団ではなく，進路指導や委員会活動など個人での場面や，集団活動の中であっても比較的小規模な集団での出来事だと考えることができました。具体的には「進路相談」「中学の時のデッサンの個人授業」などです。自分に寄り添ってもらえていると考えやすい教師と一緒に行う自己分析が将来の展望にもつながっていき，アイデンティティ形成の教師支援として印象に残っているのではないかと考えます。このように教師は無意識のうちにアイデンティティ形成の支援を行っていると考えられます。

　一方で，「少なくとももっと寄り添ってほしかった」「無理だと分かっているが私個人をみてほしかった」などの記述から，教員からおざなりにされていると感じている児童（大学生）が存在することも明らかになりました。

12. その他の発達に関する理論

自己実現理論（マズロー）

　エリクソンは，精神病理の多くは，悪化した発達危機として，発達課題の失敗と関連づけました。つまり，発達を精神病理と結びつけました。しかしマズローは，「健康

人」や「自己実現した人」の
研究に着目しました（藤永,
2001）。それまでの心理学が,
病理をもつ人々や動物の行動
を対象とした研究から発展し
たことを批判して, マズロー
の自己実現理論は生まれまし
た。マズローは, 人の全体を
理解する必要性を重視し, 誰
にでもある欲求の階層段階に

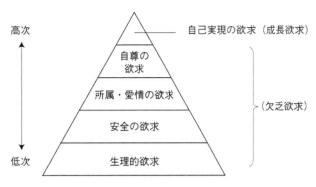

図8-4 マズローの欲求の五段階説（Msloe,1954）

ついて述べました。飢餓や口渇のような生理的欲求を満たされると, 感情や自尊心のような
より高次な心理的欲求への動機となると考えました。そして, 自己実現を最も高次
の欲求であるとしました（図8-4）。自己実現の欲求とは自分らしい生き方の欲求です。

　各欲求の階層段階における, 働きかけは, 人を自己実現に向かわせる可能性がありま
す。不安の強い児童生徒には, 安全欲求への配慮が必要です。さらに, 集団と上手く付き
合うことができず悩んでいる児童生徒がいれば, それとなく声をかけ, 所属の欲求への
配慮をしたらどうでしょう。その上で, 自尊心の欲求を満たす働きかけをしてみてくだ
さい。「頑張ったことをほめる」「努力したことをねぎらう」というような言葉です。自己
実現の動機づけになると考えます。

　橋本（2020）は, 大学生169名に「自身のアイデンティティ形成のために印象に残った
教師支援」について, また, アイデンティティ形成と過去・未来の関係について, 質問紙
調査を行いました。その結果と考察が下記です。

アイデンティティ形成のために印象に残った教師支援

肯定的なイメージでは, 多くの記述が集団ではなく, 進路指導や委員会活動など個人での場
面や, 集団活動の中であっても比較的小規模な集団での出来事だと考えることができる。具
体的には「進路相談」「中学の時のデッサンの個人授業」などである。自分に寄り添ってもら
えていると考えやすい教師と一緒に行う自己分析が将来の展望にもつながっていきアイデン
ティティ形成の教師支援として印象に残っているのではないかと考える。このように教師は
無意識のうちにアイデンティティ形成の支援を行っていると考えられる。
つぎに, 褒められたり, 認められたりすることが児童生徒のアイデンティティ形成には大き
な役割を担っていると考えることができる。「しっかり話を聞いてもらう」「ほめる」など個人
を承認したり, 児童の居場所を作ったりすることは多くの教育活動で行われている。しかし,
その一方で, 「少なくとももっと寄り添ってほしかった」「無理だと分かっているが私個人を
みてほしかった」などの記述から教員からおざなりにされていると感じている児童が存在す
ることも明らかになった。教師による, 児童の長所を認めることや児童の存在の承認を含め

た支援を行っていくことがアイデンティティ形成のために必要なのではないか。キャリア教育と長所を認めることや児童の存在の承認等組み合わせることにより，アイデンティティ形成が促進されると考える。

また，アイデンティティの基礎には現在や未来に対して肯定的なイメージを持つことが重要だと言える。現在や未来に対して肯定的なイメージを持っている人ほどアイデンティティの基礎が完了している。そのためには，まず自身の将来に対して目標を持つことである。自身の将来に目標を持つことにより，今の自分に対して自信を持ち，未来に向かって歩んでいくことができると考える。現在や過去に対してポジティブなイメージを持つことができるような支援が発達課題の克服の支援として教育現場では効果的ではないかと考える。児童の長所を認めることだけでなく児童の考えや思いの尊重といった承認を含めた支援を行っていくことがアイデンティティ形成のために教師支援として必要なのではないか。

【引用文献】

Erikson, E. H.（1982）The Life Cycle Completed W.W.Norton & Conpany, N,Y. 村瀬高雄・近藤邦夫訳（1996）ライフサイクル，その完結．みすず書房

藤永保識（2001）心理学事典　平凡社

橋本和典（2020）児童の発達課題への支援の研究 - 大学生のアイデンティティ分析から考える　常葉大学大学院課題成果報告書

Mahler, M. S., Pine, F., & Bergman, A.（1975）. The psychological birth of the human infant. New York: Basic Books. 高橋雅士・織田正義・浜畑紀訳（1981）乳幼児期の心理的誕生　黎明書房

牛島 定信（2009）エリクソンの青年期論は今なお有用か　児童青年精神医学とその近接領域 .50（3），196~205

第**9**章

学習心理学

> 課題：私たちは，どのようにやる気をつくりあげているのでしょう
> か？ 行動主義は刺激に対する反応ですが，もっと複雑なは
> ずです。

　ここでは，学習の動機づけについて，いろいろな研究を紹介したい
と思います。

1．学習への動機づけ

　一般には意欲とかやる気という言葉で語られますが，心理学では動機づけという言葉で説明されます。ここでは，学習に関わる動機づけを中心に説明します。学校では 2007 年度の学校教育法改正で「主体的に学習に取り組む態度」，として位置づけられています。別の表現をすれば，学習動機づけの研究が，「主体的に学習に取り組む態度」の一助になると考えます。学習動機づけの理論を順に紹介していきます。

① 達成理論：アトキンソン (Atkinson, 1957)

　アトキンソンは，人間の意欲についての研究から次の公式をたてました。それによると意欲とは期待と価値をかけた物です。期待とは自分が達成できそうな見込みです。価値とはそれに成功して得る主体的価値です。最後の達成欲求とは，挑戦への動機です。

　公式：意欲 = **期待**：自分が達成できそうな見込み × **価値**：主体的価値（× 達成欲求）

② 「内的動機づけ」「外的動機づけ」(Ryan and Deci, 2000)

　行動主義のスキナーは（参照第 3 章），動物は餌や報酬によって動機づけられ学習すると考えました。ハルは，動因低減説を述べました。具体的には，動物は生理的に安定していれば何もしません。のどの渇きや飢えなどの心理的緊張状態で動因や欲求を低減させるために動機づけられるとしました。デシはこれとは異なる考えを提案しました。それが「内的動機づけ」「外的動機づけ」です（図 9-1）。

「内的動機づけ」

　本質的な動機づけとは，「目新しさや課題を探し出し，能力を伸ばして行使し，探求し，学びたい」という自発的な傾向を指します（Ryan and Deci, 2000）。本質的に動機づけられているとき，人々は活動が興味深く本質的に満足だと感じるので，ストレートに活動に従います。

「外的動機づけ」

　相反して，外部から動機づけられている場合，人々は，報酬の達成，罰の回避，または何らかの価値ある成果の達成など，何らかの手段で結果を得るための活動に従います。

「自己決定論」

　自己決定理論（SDT; Ryan and Deci, 2000, 2017）は，内発的動機づけに関する多くの研究から生まれました。最初はいやいやながらやらされていたことも（非動機づけ），叱られたり，褒められたり（外的調整），義務感からであったり（取り入れ），自身の価値となって（統合），楽しくなること（内発的動機づけ）に至ることがありませんか。つまり，

自律性の高い内発的動機になるのです。図9-1では他律から自律への矢印があります。自己決定理論とは,「内発的動機づけまでの過程を究める理論」です。

　内発的動機づけは生涯にわたる心理的成長機能ですが,決してその過程が画一的ではないことが明らかです。むしろ,本質的な動機づけは,基本的な心理的ニーズ,特に能力(効果的と感じる)および自律性(意欲的と感じる)に対する環境的サポートに依存しています。

無動機づけ	外的動機づけ				内的動機づけ
	外的調整	取り入れ的調整	同一化的調節	統合的調整	
やりたいとは思わない	仕方なしにやる。罰・報酬あり	不安だから恥をかきたくないから	将来のためになるから	やりたいと思うから	面白いから楽しいから

他律的 ⟶ 自律的

自己決定理論

図9-1　「内的動機づけ」「外的動機づけ」

③ 小学生と中学生の学習動機づけ

　ここでは,外山(2015)の小中学生の学習動機づけと有能感・他者受容の関係を調査しました。みなさんで,この調査結果から,どのようなことが考えられるか話し合ってください。

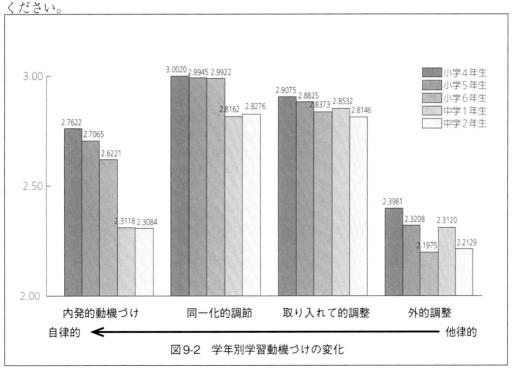

図9-2　学年別学習動機づけの変化

図9-2は，学年別，学習動機の違いをみました。それぞれの得点は，項目平均値を示します。得点範囲は，1（まったくあてはまらない）〜4（とてもあてはまる）です。学年が進むごとに，自律的な学習を行う児童生徒が少なくなっています。

さらに，小学生の動機づけタイプ別に成績への影響を見てみました（図9-3）。

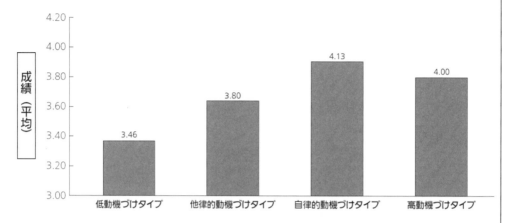

図9-3　小学生動機づけタイプ別の成績

成績は，国語・算数・理科・社会の学校での成績を1（下の方）〜5（上の方）の中から1つ保護者に選ばせました。4教科の平均値です。

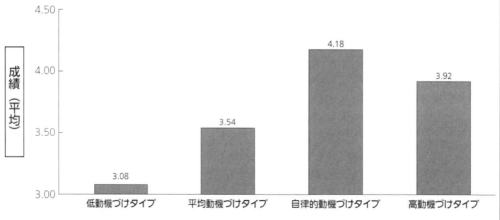

図9-4　中学生動機づけタイプ別の成績

上記は，中学生の動機づけタイプ別の成績です（図9-4）。国語・数学・英語・理科・社会の学校での成績を1（下の方）〜5（上の方）の中から1つ本人（中学生）に選ばせました。5教科の平均値です。

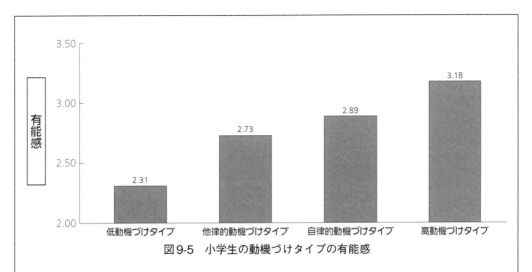

図9-5　小学生の動機づけタイプの有能感

上記（図9-5）は，小学生の動機づけタイプ別の有能感です。1（まったくあてはまらない）から4（とてもあてはまる）です。

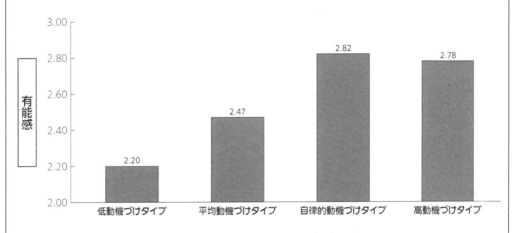

図9-6　中学生の動機づけタイプの有能感

上記（9-6）は，中学生の動機づけタイプ別の有能感です。1（まったくあてはまらない）から4（とてもあてはまる）です。

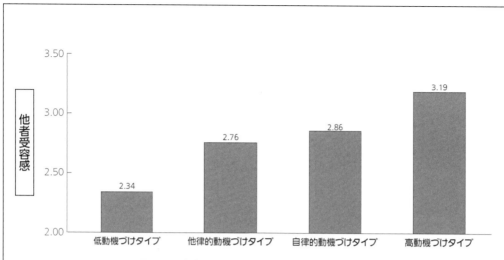

図9-7　小学生動機づけタイプ別の他者受容感

上記は，小学生の動機づけタイプの成績です（図9-7）。1（まったくあてはまらない）から4（とてもあてはまる）です。

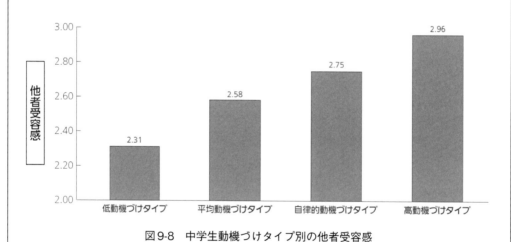

図9-8　中学生動機づけタイプ別の他者受容感

上記は，中学生の動機づけタイプの成績です（図9-8）。1（まったくあてはまらない）から4（とてもあてはまる）です。

【引用文献】

外山美樹（2015）. 自律的な理由で勉強することが適応的であるベネッセ教育総合研究所　小中学生の学びに関する調査報告書

Ryan, R. M., & Deci, E. L.（2000）. Intrinsic and extrinsic motivations: Classic definitions and new directions. Contemporary Educational Psychology, 25, 54-67.

Ryan, R. M., & Deci, E. L. (2017). Self-determination theory: Basic psychological needs in motivation, development, and wellness. Guilford Press.

第 **10** 章

学習心理学
補足　学習評価

　これまで，基礎心理学・心理学の歴史・臨床心理学・学習への動機づけ等学んできました。ここで少し，方向性をかえて学習評価について紹介したいと思います。学習評価とは，学校における教育活動に関し，児童生徒の学習状況を評価するものです。「児童生徒にどういった力が身に付いたか」という学習の成果を的確に捉え，教師が指導の改善を図るとともに，児童生徒自身が自らの学習を振り返って次の学習に向かうことができるようにするものです（文部科学省，2019）。まず，学習評価の種類を説明します。そして，文部科学省の評価の変遷を提示します。新学習指導要領は，幼稚園，小学校，中学校，高等学校及び特別支援学校の学習指導要領等の改善及び必要な方策等について（答申）としています（文部科学省，2018）。つまり，幼稚園から小学校・中学校・高校も同様の改革をしています。さらに，学習評価は，高大接続改革つまり大学入試までも影響を与えます。今まで学んだ心理学の知見も参考に学習評価を，考えてください。

課題：文部科学省は，近年，詰め込み教育から主体的な学びに方向転換をしています。主体的な学びの定義は，学ぶことに興味や関心を持ち，自己のキャリア形成の方向性と関連づけながら，見通しを持って粘り強く取り組み，自己の学習活動をふり返って次に繋げる学びとしています（中央教育審議会答申，2016）。また，OECD（経済協力開発機構）は，2015 年から Education 2030 プロジェクトを進めています。もちろん日本も参加しています。これは，1. 現代の生徒が成長して，世界を切り拓いていくためには，どのような知識や，スキル，態度及び価値が必要か。2. 学校や授業の仕組みが，これらの知識や，スキル，態度及び価値を効果的に育成していくことができるようにするためには，どのようにしたらよいか，2 つの問いに解答をみつけるためのプロジェクトです。日本の主体的な学びが，Education 2030 プロジェクトの答えになるように，人の心とは，教育とは，発達とは，学習とは，を本書を通して考えていただきたいと思います。学習の動機づけをいかした学習指導要領にそった評価とは，どのようなものか考えてください。

ヒントになるように，主体的学びの先行研究を紹介します。まず，主体の定義です。

主体とは，「他に対して，すすんで働きかけるさま。認識に関しては主観と同義であり，実践的には意識と身体を持った行為者をさす」・主体的とは，「他に強制されたり，盲従したり，また，衝動的に行ったりしないで，自分の意志，判断に基づいて行動するさま」（『日本国語大辞典（第二版）』小学館，2001）
主体的：「行為者（主体）が対象（客体）にすすんで働きかけるさま」

梶田叡一（1996）. ＜自己＞を育てる－真の主体性の確立の階層
1　課題依存型の主体的学習
　　興味・関心をもって課題に取り組む 書く，話す，発表する等の活動を通して課題に取り組む。
2　自己調整型の主体的学習
　　目標や学習方略，メタ認知を用いるなどして，自身を方向づけたり調整したりして課題に取り組む。
3　自己物語型の主体的学習
　　中長期的な目標達成，アイデンティティ形成，ウェルビーイング（身体的，精神的，社会的に良好な状態）を目指して課題に取り組む。

1．教育評価の種類

評価にはいろいろな種類があります。代表的なものを説明したいと思います。

絶対評価：設定された教育目標や社会的期待の水準を基準として，個人がそれにどれだけ到達したかによって評価する方法。到達度評価ともよばれるものです（河合伊六）。例として，目標が達成できていたら人数に関係なく上位の成績がつきます。

相対評価：個人が集団内で占める位置を，集団の平均値や得点分布に基づいて評価する方法です。あらかじめ，成績別人数割合が決められている方法です。

絶対評価を加味した相対評価：学習指導要領に示す目標に照らして学年・学級における位置付けを評価します。

個人内評価：個人の能力の到達を基準とし，それとの比較で個人の発達の程度を評価します。

完全習得学習：診断的評価・形成的評価・総括的評価

評価をより重要視したのがブルーム（Benjamin Samuel Bloom, 1913-1999）です。ブルーム（Benjamin S. Bloom（1981）は，すべての子どもに学習を定着するために完全習得学習を提唱しました。そこで，診断的評価・形成的評価・総括的評価を重視したのです。診断的評価とは，児童生徒の学習実態を把握するものです。形成的評価とは学習の途中で，子どもに定着しているか確認するためのものです。それは指導方法の修正にも用いられます。小テストなどが当てはまります。総括的評価は，その名の通り単元等の学習が終わったときに実施される評価です。これらの評価は，「指導と評価」を一体的に考え，教育改善に役立てるためのものです。

パフォーマンス評価

パフォーマンス評価とは，〈ある特定の文脈のもとで，さまざまな知識や技能などを用いながら行われる，学習者自身の作品や実演（パフォーマンス）を直接に評価する方法〉のことです。「生徒のパフォーマンスを，設定されたパフォーマンスの基準に基づいて，直接かつ体系的に観察し評価すること」（Hart, 1994, 邦訳 p. 148）とも定義されています。日本では，パフォーマンス評価の研究は初等・中等教育の方が先行しています（西岡・田中，2009；松下，2007）。

ルーブリック

ルーブリックについては，田中（2004）の論文を引用させていただきます。ルーブリックとは絶対評価のための判断基準表のことです。アメリカ合衆国で1980年代からポートフォリオ評価法とともに，絶対評価の判断基準表を意味する用語として広く使われるようになってきました。現在では，アメリカだけでなく，韓国やオーストラリアの学校でも広く使われるようになっています。判断基準をＡ判定とＢ判定の２段階のみで一覧表に記述して，それに到達しないＣ判定については判断基準を文章表記せずに，Ｃ判

定の児童・生徒への補充指導のあり方」を記入する方法もあります。こうした特徴を持つルーブリックを，各学校ですべての教師が作成するようになってきたのは，特にペーパーテストでは評価しにくい観点において，より客観的で，しかもより高い妥当性と信頼性をもちながら評価できるようにするためです。したがって，ルーブリックには，知識・理解の観点だけでなく，多様な資質・能力を取り上げることが大切です。ただし，ペーパーテストで客観的に評価しにくい観点を扱えば扱うほど，その判断基準の文章表記やレベル分けの仕方について，継続的な改善と修正を行うことが必要になります。

2. 教育における施策

評価規準・評価基準

　現場での課題は，絶対的評価を行うにあたって，学習指導要領の目標にしたがった客観性・信頼性の高い基準が必要で，それが「評価規準」に当たると思います。しかし最終的には，目標を達成できたかどうかの評定をしなければなりません。その際，ものさしとなるものが「評価基準」です。例でいえば，ご飯をたけるが「評価規準」です。「評価基準」は，Ａ：米の吸水・炊飯の温度・蒸らしを考え炊くことができる。Ｂ：炊飯についてどれか２つ理解している。Ｃ：炊飯についてどれか１つ理解している。

　これらの用語を理解した上で，小学校・中学校の学習指導要領の評価の変遷をみてみたいと思います。評価の変遷を通して，心理学の知見をいかせるようにしてください。

昭和23年の学籍簿
昭和23年の学籍簿（昭和24年から指導要録と改名）では，正規分布による相対評価が導入されました。つまり，戦前から主観的になりがちな評価に，客観性を持たせようとしたわけです。この時期に導入された相対評価（集団に準拠する評価）は，数個の分析目標ごとに，＋2，＋1，0，−1，−2の5段階評価（相対評価）でした。より優れたものを＋2，普通の程度のものを0，より劣っている者を−2としました。しかし，受験競争は激化しました。また，児童生徒が目標に達しているかわからないという批判もでました。

昭和36年の指導要録
学習指導要領の教科目標および学年目標に照らした絶対評価を加味した5段階相対評価になりました。これは平成3年の指導要領改訂まで引き継がれます。

昭和46年の指導要録
「絶対評価を加味した相対評価」を実施しました。相対評価としての5段階評価の配分比率を正規分布でなくてもよいとする方針が打ち出されました。

昭和55年の指導要録
観点別学習状況の評価が導入され，「関心・態度」が，評価項目として示された観点の最後に

位置付けられました。

平成3年の指導要録
平成元年版の学習指導要領では「新しい学習観，学力観」が提示され，これまでの学習のあり方と，学力の内容についての転換が求められました。

平成13年の指導要録
○関心・意欲・態度，○思考・判断，○技能・表現（又は技能），○知識・理解の観点の4観点の提示が行われました。学習指導要領の「内容」を評価規準とする「目標に準拠した評価（いわゆる絶対評価）」が位置づけられました。そして，指導に生かす評価を充実させることが答申にかかれました。答申では，「指導と評価は別物ではなく，評価の結果によって後の指導を改善し，さらに新しい指導の成果を再度評価するという，指導に生かす評価を充実させること」が重要であるとされました。いわゆる，指導と評価の一体化です。「客観性・信頼性を高めるためには，生徒の学習活動のどの部分をどのように見て評価するかを明らかにする『評価規準』を作成することが指示されました。○「評定」については，小学校では，低学年で従前の3段階評価を改め，評定の欄を廃止し，中・高学年で従前の5段階評価から3段階評価（3，2，1）に改めました。中学校では従前の5段階評価（5，4，3，2，1）のとおりでした。そして，「所見」については，個性を生かす教育に一層役立てる観点で積極的に評価することとしました。

平成22年の指導要録
学力について，基礎的・基本的な知識・技能は「知識・理解」「技能」において，これらを活用して課題を解決するために必要な思考力・判断力・表現力等は「思考・判断・表現」において，主体的に学習に取り組む態度は「関心・意欲・態度」においてそれぞれ行うことと整理しました。評価について，論述，発表や討論，観察・実験とレポートの作成といった学習活動を積極的に取り入れる必要があるとされました。また，自己評価・相互評価に積極的に取組む必要性が求められました。

平成28年12月「幼稚園，小学校，中学校及び特別支援学校の学習指導要領等の改善及び必要な方策等について」

中央教育審議会平成28年12月「幼稚園，小学校，中学校及び特別支援学校の学習指導要領等の改善及び必要な方策等について」答申で，次のことを述べました（図10-1）。

答申では，「よりよい学校教育がよりよい社会をつくる」という理念を共有し，学校と社会との連携・協働を求める「社会に開かれた教育課程」の実現に向けて，変化の激しいこれからの社会を生きる子供たちに必要な資質・能力（何ができるようになるか）を整理した上で，その育成に向けた教育内容（何を学ぶか），学習・指導の改善（どのように学ぶか），児童生徒の発達を踏まえた指導（子供一人一人の発達をどのように支援するか），学習評価（何が身に付いたか）の在り方など，学習指導要領等の改善に向けた基本的な考え方を示しています。

図10-1　学習指導要領改訂の方向性

　新学習指導要領改訂の方向性として，図10-1に示したように①資質・能力（何ができるようになるか）を整理した上で，その育成に向けた②教育内容（何を学ぶか），③学習・指導の改善（どのように学ぶか）に，重きを置いています。

　資質・能力（何ができるようになるか）の具体的要素として，3要素をあげています。

1.　　生きてい働く知識・技能の習得
2.　　思考力・判断力・表現力等の能力
3.　　学びに向かう力・人間性の涵養

　この3要素を理解していただくために，答申（pp.29）の文面も掲載します。文中の下線と番号は筆者が記入しました。

①生きて働く知識・技能の習得

各教科等において習得する知識や技能であるが，個別の事実的な知識のみを指すものではなく，それらが相互に関連付けられ，さらに社会の中で生きて働く知識となるものを含むものである。例えば，"何年にこうした出来事が起きた"という歴史上の事実的な知識は，"その出来事はなぜ起こったのか"や"その出来事がどのような影響を及ぼしたのか"を追究する学習の過程を通じて，当時の社会や現代に持つ意味などを含め，知識相互がつながり関連付けられながら習得されていく。それは，各教科等の本質を深く理解するために不可欠となる主要

な概念の習得につながるものである。そして，そうした概念が，現代の社会生活にどう関わってくるかを考えていけるようにするための指導も重要である。基礎的・基本的な知識を着実に習得しながら，既存の知識と関連付けたり組み合わせたりしていくことにより，学習内容（特に主要な概念に関するもの）の深い理解と，個別の知識の定着を図るとともに，社会における様々な場面で活用できる概念としていくことが重要となる。技能についても同様に，一定の手順や段階を追って身に付く個別の技能のみならず，獲得した個別の技能が自分の経験や他の技能と関連付けられ，変化する状況や課題に応じて主体的に活用できる技能として習熟・熟達していくということが重要である。例えば，走り幅跳びにおける走る・跳ぶ・着地するなど種目特有の基本的な技能は，それらを段階的に習得してつなげるようにするのみならず，類似の動きへの変換や他種目の動きにつなげることができるような気付きを促すことにより，生涯にわたる豊かなスポーツライフの中で主体的に活用できる習熟した技能として習得されることになる。

②思考力・判断力・表現力等の能力

将来の予測が困難な社会の中でも，未来を切りひらいていくために必要な思考力・判断力・表現力等である。思考・判断・表現の過程には，大きく分類して以下の三つがあると考えられる。
・物事の中から問題を見いだし，その問題を定義し解決の方向性を決定し，解決方法を探して計画を立て，結果を予測しながら実行し，振り返って次の問題発見・解決につなげていく過程。
・精査した情報を基に自分の考えを形成し，文章や発話によって表現したり，目的や場面，状況等に応じて互いの考えを適切に伝え合い，多様な考えを理解したり，集団としての考えを形成したりしていく過程。
・思いや考えを基に構想し，意味や価値を創造していく過程。

3．学びに向かう力・人間性の涵養

前述の①及び②の資質・能力を，どのような方向性で働かせていくかを決定付ける重要な要素であり，以下のような情意や態度等に関わるものが含まれる。こうした情意や態度等を育んでいくためには，体験活動も含め，社会や世界との関わりの中で，学んだことの意義を実感できるような学習活動を充実させていくことが重要となる。
・主体的に学習に取り組む態度も含めた学びに向かう力や，自己の感情や行動を統制する能力，自らの思考の過程等を客観的に捉える力など，いわゆる「メタ認知」に関するもの。一人一人が幸福な人生を自ら創り出していくためには，情意面や態度面について，自己の感情や行動を統制する力や，よりよい生活や人間関係を自主的に形成する態度等を育むことが求められる。こうした力は，将来における社会的な不適応を予防し保護要因を高め，社会を生き抜く力につながるという観点からも重要である。
・多様性を尊重する態度と互いのよさを生かして協働する力，持続可能な社会づくりに向けた態度，リーダーシップやチームワーク，感性，優しさや思いやりなど，人間性等に関するもの。

資質・能力（何ができるようになるか）の3要素を理解していただけたかと思います。では，これを受けてどのような学習評価が実際に行われるか，検討してみたいと思います。

各教科における評価の基本構造（国立教育政策所，2019）

学習指導要領に示す目標や内容	1.生きて働く知識・技能	2.思考力・判断力・表現力等	3.学びに向かう力・人間性
観点別学習状況評価の各観点 ・観点ごとに評価し，児童生徒の学習状況を分析的に捉えるもの。 ・観点ごとにABCの3段階で評価。　　　　　　　　感性・思いやりなどは個人内評価。一人一人のよい点や可能性，進歩の状況などを積極的に評価し児童生徒に伝える			
評　定			
各教科等における学習の過程を過した知識及び技能の習得状況について評価を行うとともに，それらを既有の知識及び技能と関連付けたり活用したりする中で，他の学習や生活の場面でも活用できる程度に概念等を理解したり，技能を習得したりしているかを評価する。	各教科等の知識及び技能を活用して課題を解決する等のために必要な思考力，判断力，表現力等を身に付けているかどうかを評価する。	知識及び技能を獲得したり，思考力，判断力，表現力等を身に付けたりするために，自らの学習状況を把握し，学習の進め方について試行錯誤するなど自らの学習を調整しながら，学ぼうとしているかどうかという意思的な側面を評価する。	
評価方法			
ペーパーテストにおいて，事実的な知識の習得を問う問題と，知識の概念的な理解を問う問題とのバランスに配慮する。観察・実験をしたり，式やグラフで表現したりするなど実際に知識や技能を用いる場面を設けるなど，多様な方法を適切に取り入れる。	論述やレポートの作成，発表，グループや学級における話合い，作品の制作や表現等の多様な活動を取り入れたり，それらを集めたポートフォリオを活用したりするなど評価方法を工夫する。	具体的な評価方法としては，ノートやレポート等における記述，授業中の発言，教師による行動観察や，児童生徒による自己評価や相互評価等の状況を教師が評価を行う際に考慮する材料の一つとして用いることなどが考えられる。	

○指導の評価の一体化を目指したルーブリック

【引用文献】

　Benjamin S. Bloom（1981）. All Our Children Learning - A Primer for Parents, Teachers, and Other Educators. McGraw-Hill.

Hart, D.（1994）. Authentic assessment: A handbook for educators. Menlo Park, CA: Addison-Wesley. ハート, D.（2012）.『パフォーマンス評価入門―「真正の評価」論からの提案―』（田中耕治監訳）ミネルヴァ書房.

梶田叡一（1996）. ＜自己＞を育てる－真の主体性の確立－金子書房

小学館　日本大百科全書（ニッポニカ）

松下佳代（2007）.『パフォーマンス評価』日本標準.

西岡加名恵・田中耕治（2009）.『「活用する力」を育てる授業と評価　中学校―パフォーマンス課題とルーブリックの提案―』学事出版.

田中博之（2004）. 新しい評価Q＆A CS研レポート , 51, pp.36-41.

中央教育審議会（2016）. 幼稚園, 小学校, 中学校, 高等学校及び特別支援学校の学習指導要領等の改善及び必要な方策等について（答申）https://www.mext.go.jp/b_menu/shingi/chukyo/chukyo0/toushin/__icsFiles/afieldfile/2017/01/10/1380902_0.pdf

国立教育政策所（2019）. 学習評価の在り方ハンドブック https://www.nier.go.jp/kaihatsu/pdf/gakushuhyouka_R010613-01.pdf

http://www.intweb.co.jp/teian/kyouiku_hyouka.htm

東京学芸大学　学校心理教室 岸　学　研究室

http://www.u-gakugei.ac.jp/~kishilab/evaluation-measurement.html

第 **11** 章

集団のなかの自己

あなたは3年1組を担任しています。自分のクラスの生徒30名と3年2組の生徒30名が合同で社会科見学へ行くことになりました。あなたはほかの教員と協力して，生徒を引率しています。

このとき，あなたは1組と2組の生徒に対して，どちらの印象を持つでしょうか。

① 1組の生徒のほうが，個性豊かで様々なタイプの人がいる
② 2組の生徒のほうが，個性豊かで様々なタイプの人がいる

あなたがクラス担任であれば，自分のクラスの生徒のほうが，ほかのクラスの生徒に比べて，個性豊かで様々なタイプの人がいると感じることが多いでしょう。したがって，ほとんどの方が①と答えるだろ

うと思います。

　なぜこのようなことが言えるのでしょうか？このことについて，説明する理論が社会心理学です。

　社会心理学とは，集団や組織のなかでの自分自身や，人と人との関係について，その特徴や仕組みを理解するための理論です。社会心理学では，人と人との関わりについて研究がなされています。日常生活におけるあらゆる人間関係について，社会心理学の視点からとらえることが可能です。

　上の問題でいうと，これと同じようなことはいろいろな場で起こっています。例えば，あなたが学生の頃，となりのクラスの生徒や他校の生徒は無個性で平凡に見えたことはないでしょうか。
　このことは相手方にも起こっています。つまり，人は自分の所属するグループにはほかのグループよりも，個性的でバラエティに富んだ人びとがいると思い込む性質があります。
　「仲間をよく知っているから，その個性や違いに気が付くことができる」と考えたくなるかもしれません。しかし，社会心理学の研究から，よく見知った仲間同士を無作為に２つに分けてグループを作成したとしても，自分の所属したグループのほうが個性豊かだと感じることがわかっています。
　このような相手方のグループの性質を均質化してしまう人の考え方のくせは，「外集団同質性バイアス」とよばれています。

　このことがライバル集団の能力や戦略の豊富さを軽視して大敗したり，「帰宅部の生徒は無気力で積極性がない」，「Ａ高校の生徒はモラルに欠ける」などと一方的な決めつけを生む下地となったりします。一見して均質に見えるどの集団にも，その偏見にあてはまらない人が多くいることを忘れないようにしなければなりません。

1. 社会現象と自己

1 同調

　私たちは何かを判断するとき，多数派の意見や行動に自分の意見を合わせてしまう傾向があります。このことを「同調」といいます。

　アッシュはこの「同調」現象を確かめるために，右の2枚のカードを用いた実験を行いました。アッシュは実験室に集められたお互いに面識のない8名の実験協力者に上の2枚のカードを見せました。そして，「①のカードに書かれた線と同じ長さの線は，②のカードのa, b, cのどれですか？」とたずねました。

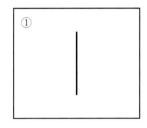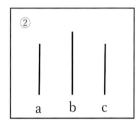

図11-1　アッシュの同調実験

　正答はもちろん，「b」です。この実験では，一人の実験協力者を除き，ほかの7名はサクラでした。7名のサクラ全員が「a」と答えた場合，実験協力者が「a」と誤答する確率は32％でした。つまり，明らかに間違った回答でも，多数派の意見に合わせてしまう行動がみられました。

　また，8人の集団の中で，必ず正答を言う人が1人(この人もサクラ)でもいる場合には，誤答する確率は5.5％まで下がりました。

　同調には全員一致の集団圧力が重要で，一人でも自分と同じ意見の人がいれば，その圧力は大きく弱まります。

2 社会比較

　自分の意見や立場と，ほかの人の意見や立場を比較して，自分と同じであるときはさらに自分の意見が正しいことに自信を持ちそれを強化したり，ほかの人の立場が自分よりも極端であった場合，自分の立場の正しさを示そうとして，その人よりもいっそう極端な立場を主張しようとしたりします。このことを，「社会比較」とよびます。

　社会比較によって，インターネット上での炎上騒動がなぜ激化していくかを説明することができます。インターネットのなかでは，人は自分と同じ意見の人を見つけやすく，かつその同意見ばかり選んで読んだり，そのコミュニティに参加したりすることで集団極化現象が起こりやすいとされています。

③ 認知的不協和

　自分の心のなかに矛盾を抱えた状態のことを「認知的不協和」とよびます。認知的不協和は人にとって不快な状態のため，無意識のうちにそれを解消しようとします。

　例えば，受験生のB君は滑り止めとして受験した志望校に落ちてしまいました。B君はその学校に合格するはずだったのに，不合格だったという矛盾を抱えることになります。この矛盾を解消するために，B君は「たまたま試験問題が自分の苦手なところばかりだった」とか，「その日の体調が思わしくなかった」など，不合格だった事実の解釈を変化させることで，認知的不協和を解消しようとします。

2．組織・集団と自己

① 集団規範

　「集団規範」とは，その集団の価値判断や行動の基準となるルールのことです。それには，「学校では制服を着ること」，「くつ下は白」といった校則に示されるものから，「廊下で上級生に出会ったら，下級生は会釈をする」のような暗黙に示されたルールもあります。

　シェリフは，集団規範が形成される過程を次のような実験によって確かめました。

　はじめに2〜3人の実験協力者を暗室に入れ，暗闇のなかで光の点滅を見せます。次に実験協力者に，その光が何インチ動いたかを回答してもらいます。はじめに，個人で回答した時には数値はバラバラでした。しかし，2〜3人で一緒に実験を受けて回答してもらうと，回数を重ねるごとに全員の答えが近づいていきました。

　実は暗闇のなかで光の点滅が動いたように見えるのはただの錯覚で，実際に光は動いていません。しかし，複数で実験を行う場合には，ほかの人の答えを参考にするため，次第に回答は近づいていくのです。

　このように，集団規範は集団のなかで人がそれぞれ周りの人を参考にすることで，次第に統一され形成されていくと考えられています。

② 社会的促進と社会的抑制

　あなたはひとりで作業をしている時よりも，だれかほかの人と一緒に作業をしている時のほうが，作業がはかどり効率アップしたという経験はありませんか。このことは，「社会的促進」と呼ばれています。他者の影響で，課題遂行が促進される現象です。

　しかし，他者の存在が作業効率のアップのようにいつもよい結果をもたらすというわけではありません。まわりにほかの人がいることで作業が阻害されることもあります。このことは，「社会的抑制」と呼ばれています。例えば，Cさんは普段の授業ではうまく答えられる質問でも，授業参観では自分の親以外にも多くの保護者が見ている状況で，うまく質問に答えられないことがあります。

　このような，他者の存在が作業や課題の達成に影響を及ぼすのに違いがあるのには，その人の作業や課題の習熟度がかかわっています。つまり，その作業に慣れている場合には，他者がいることで社会的促進が起こりやすく，慣れない作業の場合には，他者がいることで社会的抑制が起こりやすくなります。

③ リーダーシップ

　チームでの活動にはリーダーの存在が不可欠です。チームが成功するかどうかは，リーダーの力次第といっても過言ではないでしょう。

　では，優秀なリーダーとはどのような人なのでしょう。

　リーダーがチームの課題達成へ向けてなされる集団活動への影響過程のことを「リーダーシップ」とよびます。つまり，リーダーがチームをうまくまとめていくために行う活動がリーダーシップといえるでしょう。担任教師が自分のクラスをまとめていくために行う活動は，教師のリーダーシップです。

　三隅二不二が提唱した「PM 理論」によると，リーダーシップのスタイルは目標達成のためにチームを導いていく能力である「P 行動(目標達成機能)」と，チームの人間関係に気を配り集団をまとめる能力である「M 行動(人間関係維持機能)」という2つがあります。そして，この2つのスタイルが両方とも高い「PM 型」のリーダーシップを持つリーダーが優秀だと考えられています。

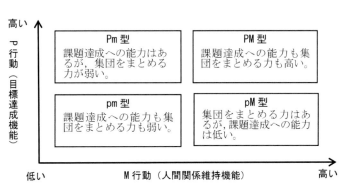

図11-2　PM理論

3. 他者と自己

① 帰属過程

　私たちは，他者の行動や社会的な事象の原因が何なのか，どうしてそのことが起こったのかと推論して，自分の行動を決めたり将来を予測したりします。このような認知過程を「帰属過程」とよびます。また，他者の行動や社会的な事象の原因を予測することは原因帰属とよびます。

　例えば，あなたのクラスのＤくんは宿題をやってきませんでした。この理由について，Ｄくんは「時間がなかったから」と言っています。このことについてあなたは，「Ｄくん

は宿題のほかにも，家の手伝いなどをまかされており，時間がなかった」と考えたり，「D くんはそのとき，風邪を引いて寝込んでいた」と考えたりします。また，「D くんは本当はやる時間があったのだが，ゲームに夢中になってしまい，やる時間がなくなった」と考えるかもしれません。

　これらの予測によって，あなたが次に D くんに対してとる行動が決まります。上の例でいえば，D くんが宿題をサボってしまったのならば，サボらないよう指導しなければならないでしょう。しかし，D くんがほかにしなければならないことがあったり，体調不良であったりするのであれば，別の援助が必要かもしれません。

　原因帰属と援助の関係は次の表にまとめられます。

表 11-1　原因帰属と援助の関係 (Taylor et al., 2006; 岡・坂本, 2018)

援助が必要になった原因の知覚	援助を必要とする人に対する感情反応	援助しようとする意思
統制不可能 ＝本人の統制外の事柄 例：求人がない。	同情，哀れみ	高い…その人は援助を受けるに値すると知覚される。
統制可能 ＝本人が統制できた事柄 例：怠惰で働きたくないために仕事をしていない。	怒り，苛立ち	低い…その人は援助を受けるに値しないと知覚される。

② 社会的アイデンティティ

　自分自身がどのような社会集団に所属しているのかという自己認識を，「社会的アイデンティティ」とよびます。例えば，自己紹介の時に「○○高校出身です」や「○○部に所属しています」のように言うことがありますが，そのことを指します。社会的アイデンティティには，性別や国籍，学校，会社，出身地などが当てはまります。

　自分が所属する集団がより良く評価されることによって，自分の自尊心が高まることがわかっています。高校野球や大学駅伝で，自分の出身校を熱心に応援する背景には，社会的アイデンティティから説明することができます。

　またもし自分の所属する集団が望ましい評価を得られないときは，ほかの団体に移ったり，その集団の評価を変えようとしたり，より下の集団と比較して認知を変えるといった行動をとるようになります。

③ 対人葛藤

　人と人が親しくなるにつれ，けんかをしたり，一時的に仲が悪くなったりすることもあります。他者との間で起こる葛藤を「対人葛藤」とよびます。

　対人葛藤は，人と人の関係が親密になるほど，そして職場の人間関係や夫婦関係など影響を与え合う度合いが高く，相互依存関係が高い関係ほど生じやすくなります。対人葛藤が生じると，それを解消しようとして，その関係性への依存が明確になったり，絆が深まったりすることがわかっています。したがって，対人葛藤が生じたときに，相手と自分の行動をお互いに理解し，対応していくことが，その関係の継続に重要です。

　次の表は，対人葛藤によって起こる反応と，その反応が起こる関係のパターンです。

表11-2　各反応の内容と起こりやすい関係のパターン (Rusbult, 1987; 岡・坂本, 2018)

反応	内容	反応の起こりやすい関係のパターン		
		満足度	投資量	代替可能性の質
退去	公式な別れ，共同生活の解消，相手を罵る，離婚する，別れへの脅し，相手に金切り声をあげる。	低い	低い	高い
発言	問題について話し合う，友人やセラピストへ援助を求める，解決法を提案する，自身を変えるあるいは相手が変わるように促す。	高い	高い	高い
忠義	物事が改善されることを待ち望み続ける，パートナーを信頼し続ける，改善を祈る。	高い	高い	低い
無視	パートナーを無視する，一緒に過ごす時間を短くする，問題について話し合うのを避ける，実際の問題に関係ないところで相手を批判する，物事が悪くなるままに任せる。	低い	低い	低い

問題：あなたがこれまでに経験した対人葛藤について考えましょう。その相手との関係性を維持するために，どのようなかかわり方が重要だと思いますか。重要だと思うかかわり方について，書き出してみましょう。

【引用文献】

亀田達也　2019　図解社会心理学　日本文芸社

岡隆・坂本真士　編　2018　ポテンシャル社会心理学　サイエンス社

Taylor, S. E., Peplau, L. A., & Sears, D. O. 2006 Social psychology (12th ed.). Upper Saddle River, NJ: Prentice Hall.

Rusbult, C. E. 1987 Responses to dissatisfaction in close relationships: The exit-voice-loyalty-neglect model. In D. Perlman, & S. Duck (Eds.) , Intimate relationships: Development, dynamics, and deterioration (pp. 209-237) . Newbury Park: Sage.

第 **12** 章

学級集団
日本とインドの学級経営

課題：①心理学のさまざまな理論を学んできましたが，学級経営という身近なところでどのようにいかされているのでしょうか。または，いかされていないのでしょうか？
②また，学級経営は国によって，異なります。インドは若者が多く，高齢社会の日本とは真逆といえます。インドと日本の学級経営を載せました。理論的には異なっているのでしょうか？

　ここでは，心理学の理論ばかりでなく，日本の優れた小学校教師がどのように学級経営をしているか紹介します。さらに，比較ができるように，インドの小学校教師の学級経営も紹介します。

1. 学級経営の理論

　学級経営は，学問的および社会的感情的学習の両方をサポートおよび促進する環境を作成するために教師が行うすべてのアクションで構成されます（Everstone and Weinstein 2006）。学級経営には非常に多くの定義があります。ただし，通常は，秩序を確立したり，生徒を引き付けたり，協力を引き出したりするために教師が行う行動が含まれます（Emmer & Stough, 2001）。たとえば，Doyle（1986）は，学級経営は教室の規律としてよく理解されていることを指摘しており，これは不正行為の対応を強調しています。学級経営は，教師が教室の設定を作成し，学生の適切な行動を維持するプロセスです（Brophy, 2006）。適切なクラス管理により，生徒のパフォーマンスと達成度が向上します（Brophy, 1979：Harry & Rosemary, 2018）。また，Oliver, Wehby, Reschly（2011）は，学級経営により生徒の行動の問題を軽減できると述べました。これまでの研究では，学級経営は行動理論とリーダーシップ理論，予防理論によって説明されてきました。Skinner の行動理論は，Madsen, Becker，および Thomas によって使用されました。Madsen, Becker, Thomas（1968）は，不適切な行動を無視し，適切な行動の承認（組み合わせて）を示すことは，教室での行動を改善するのに非常に効果的であると述べました。Wong（2004）は，予防理論を使用した計画的な学級経営を提唱しています。Li（2004）Chen（2012）は，リーダーシップ理論を使用した学級経営について説明しています。Chien（2012）は，民主的なリーダーシップと思いやりのあるリーダーシップが学級経営に最高の効果をもたらすことができると指摘しました。一方，学級経営は教師の経験によって獲得されるという考えがあります（中川，西山，高橋，2009）。

2. 日本・インドの学級経営の背景

　一方，日本の文部科学省は，「学級経営とは，一般的に，その担任教師が学校の教育目標や学級の実態を踏まえて作成した学級経営の目標・方針に即して，必要な諸条件の整備を行い運営・展開されるものと考えられる」と述べています（文部科学省，2017）。文部科学省は，学級経営について重要性は示しています。

　インドも日本も多くの若手教師は，担任教師として学級経営の担い手となります。石上（2015）は，小学校新任教師への調査を行い，新任教師は職務上の葛藤として「学級経営」を最も多くあげていました。このような背景の中で，日本の文部科学省（2006）は，教職大学院の設置にあたって学級経営の内容の具体例を初めて示し，必須科目として設けました。文部科学省が示した具体例には，日常の指導（清掃給食等の指導，特別に配慮を要する児童生徒への指導等），保護者との連携を図った学級経営，学級事務の内容等と留意事項も含まれます。

　インドの教育は，Inclusive Growth 政策（2007/08-2011/12）を行っています。Inclusive

Growth とは，成長の果実やグローバリゼーションの恩恵を，より広く平等に社会全体の人々にまで行き渡らせることです。多くの人々に平等な機会を与え，またその機会にアクセスできる状況を作り出して，どのような状況にある人達でも，成長へのプロセスに参加でき，かつ貢献できるようにすることです（畑佐，2018）。アジア屈指の英語教育を生かし初等教育からグローバル化を意識した教育を行っています。

　一方，UNESCO（2016）は，インドを含む南・西アジア地域の教師の質にも課題があり，全教師のうち，訓練を受けた教師が占める割合は南・西アジア地域が68％と世界で最も低いとしています。インドでは，初等教育の普及にむけて，2011-2012 年の間に，194,714 の小学校，148,991 の上等初等教育を開校したため，126 万人以上の小学校教師が不足していると言われています（Government of India, 2013）。このような中，インドと日本の学級経営を比較すれば，教師教育（研修）に一定の方向性を持たせること，そして児童生徒の学校生活を改善させると思われます。

3．研究：日本の小学校の学級経営

　修正版グランディッドセオリー（M-GTA）の研究方法を述べた上で，日本の優れた教師の聞き取り調査より，学級経営におけるプロセスを検討します。

① 研究方法

　小学校教師は学級経営をどのように考えているか，そのプロセスについて検討した先行研究は見あたりませんでした。このような場合，質的研究法が有効です（能智，2011）。そして，本研究は質的研究法の M-GTA を用いました。M-GTA を用いた理由は，①質的研究法としての分析手法が明確です，②小学校教師という本研究の分析対象が，対人援助過程における相互作用であるため，M-GTA が適しています，③「実践的な活用のための理論」であり，「応用が検証であるという視点」と「応用者が必要な修正を行うことで目的に適った活用ができる」とされているためです（木下，2007）。

② 研究対象者

　学校教師経験 2 年以上で，②3 都道府県の学校に勤務という基準から，教師を選択しました。公立の小学校経験者 17 名です。いずれも教職大学院に指導に来ている教師，及び実習校での指導教師，現職教師学生等，管理職や教育委員会から推薦された教師です。私学の小学校教師は，除外しました。公立小学校教師を選んだ理由は，日本ではほとんどの小学校は公立小学校のためです。

③ 結果

①≪児童理解≫カテゴリー

Kagan (1992) は，教師の発達課題として，子どもへの正確な理解と知識の獲得とそれをいかしていく経験が重要であると述べている。若手小学校教師は"子ども理解が大切。その時は見ているようで，今思うと見ているふりをしているだけだったような気がする"と述べているように，【経験を通し児童理解を自分のものとする】必要がある。その上で，実践で児童理解を生かし，【子どもとつながる方法を工夫】していた。"大学では児童理解ということを習った。実際学校現場に入ると，忙しくて一人ひとり見ることができない。担任になるとそのゆとりがなくなる。後でと思っていると子どもたちが引く瞬間がわかる。聞いていないとすっと去っていくことがわかった。だから，返事をするときも必ず子どもの顔をみることにした"と述べている。大学での児童理解理論を踏まえて，小学校教師は，自分の方法で子どもたちとつながる工夫をしていた。

小学校教師はこれら2つの概念を≪児童理解≫カテゴリーと命名して，＜一人ひとりの児童理解を，経験を通して自分のものにし，さらに，子どもとつながる工夫をすること＞と定義した。

②≪個と集団へ焦点≫カテゴリー

岸田 (1969) は，教師への質問調査によって，小学生の発達傾向のだいたいの規準を示している。

小学校教師も，発達段階に応じた指導を述べている。【家庭の中の育ちが違う1年生を，学校の基礎になじませる指導】が必要になる。中期経験教師は，"力のある先生は個と集団を見れる先生なんだけど，1年生は別"と述べ，1年生の指導の大変さを述べている。若手教師は"細かいことまで一つ一つやっていくのが1年生"と具体的に指導の在り方を述べている。"中学年は親の手も離れていきます。もう一度育ちなおしです。崩れやすいのはここです。こっちで揉め事あっちで揉め事，後手後手になった対応に教師はしんどいです。教師はそこで面と向かって対応できることが重要です"と【中学年の力を学級集団としてまとめるために，児童と面と向かう教師の力】の必要性を述べている。"5年生は，任せるところは責任をもって任せ誇りを持たせます"と若手教師は述べている。また"高学年はグループ化されます。個性がでて顕著に現れます。私が高学年を持つときはよく話します。「ちょっと話を聞かせてよ」といいます。問題の事前防止のためには情報がないとだめです。俗にいうアンテナを張っていないとだめです。人間関係を把握します。いじめの問題も把握できます。ちょっとおかしいなというところで手を打ちます。それをしないと学級経営はしんどいと思います"と長期経験教師は述べている。【児童に任せ判断させ，高学年としての誇りを持たせる。話を聞いて人間関係を把握し，個と集団に手を打つ教師の工夫】が必要となる。文部科学省 (2000) は小学校生活最初の時期においては，生活集団と学習集団を一致させ，よりきめ細かな指導を行うことにより，基本的な生活習慣，人間関係や社会生活のルールとあわせて，学習習慣の定着を培うというねらいがあると示している。長期経験教師は，"よさを認め合うようにしないといけない。リーダー作りは，みんなで共有しないといけないと思います。「何々ちゃんすごいね」ということをみんなで共有しないといけないと思います。縦糸横糸を作ることだと思います。これが結果として集団作りになっていると思います"と述べ，【育ちの方針を持ち，集団作り】をする。さらに，中期経験教師は"特別支援教育は人を認めるという共に生きる教育だと思いました。教師が見本を示せば，高学年になると一部の児童は見守れるようになりました。教師より上手になりました"と【しんどい子・障害のある子に手をかけ，存在を認める指導】の大切さを述べている。

これらの5つの概念を≪個と集団へ焦点≫カテゴリーと命名して，＜発達段階を理解し，個と集団の調整をはかり学級集団として育てること＞と定義した。

③≪保護者への対応≫カテゴリー

教師の57%は保護者の対応について強いストレスを感じている（文部科学省，2013）。そのような現状の中，長期経験教師は"学級開きで，保護者に学校生活はどんなもので明日はこういうことをするというイメージを持ってもらう。楽しみがあることを言う"と述べ【学級開き・授業作り・教室環境作りを通し児童・保護者にイメージを作る】としている。また"教師がわが子を自分の子のように話してくれれば，親御さんは納得してくれます"と，保護者への対応は，【児童への対応が基本】であることを述べている。"児童によいことがあれば家庭訪問をします。家庭訪問に慣れることで気楽に話す雰囲気を作ります"と述べ【よいことがあれば気楽に話す関係作り】の重要性を指摘している。

これらの3つの概念を≪保護者への対応≫カテゴリーと命名して，＜保護者への対応は児童への対応が基本となっていること，学級開き・授業作り・教室環境作り等の日頃の学級経営が重要であること＞と定義した。

④≪同僚性≫カテゴリー

長期経験教師は"学年に入ったら学年主任の話を聞く。先輩のアドバイスを受けてつぶれないようにする。小学校は一人で全てをやらなければならない。依存できるようにする。これからはそのような関係ができないといけない。困ったときに頼れる人間関係を作る。初めからうまくいかない。自分も成長できる学級経営をしてほしい"とし【学級経営の報告連絡相談，先輩の実践の再構成によるフォローアップ】の重要性を指摘している。さらに"指導法を盗みやすい時期は新任3年目までかなと思います。うちの新任3年目に私は「君はどうしたいの」と言いました。返事がありませんでした。今までそう言われていませんでした。3年目以降は相談される側になります。自分はこうしたいのですがよいですかというふうになってもらいたいと思います。教師の大量退職時代に入り，数年後には主任になっています"と【数年後の主任としての成長】を期待している。

これらの2つの概念を≪同僚性≫カテゴリーと命名して，＜教師として学年主任・管理職に報告し連絡し相談し，その経験を再構成し，次の主任の役割に生かすこと＞と定義した。

⑤≪教師の姿勢≫カテゴリー

教師の成長について，実践における経験全てが重要であるとされている（徳舛，2007）。"新任教師は学級を持っているが混乱する場合がある。一度思い通りにならないと分からない。1年目からうまくはいかない。4月から見通しを持って目指す。1年目は考えている余裕はないが，冷静になったとき手順を考える。失敗や経験をして2年目以降の学級経営の参考にする。やっぱり1年目はだれでもうまくいかない。省察力が必要。反省をしながらふりかえり学んでいくことはとても上手な方法"と中期経験教師も若手教師も【失敗からの学習】を指摘している。さらに，"子どもの成長を喜べる仕事はほかにない。失敗してもそれを乗り越えていく。そういう営みをみつめる"と【児童の成長が自身の喜び，使命感になる】と指摘している。

これらの2つの概念を≪教師の姿勢≫カテゴリーと命名して，＜経験し失敗の中からも学び，乗り越え児童の成長が自身の喜びや使命感になること＞と定義した。

4．研究：インド小学校の学級経営

1 研究対象者

　インド4州の学校という基準から，教師を選択しました。小学校経験者29名です。インドの公立学校には，高い意識を持っている教師が少なく（Muralidharan & Holla & Mohpal, 2017）参考にならないと考えたため，ほとんど私立学校教師です。私立のモンテッソーリ教育の学校の教師が含まれています。モンテッソーリ教育の学校は，インドで人気が高く学校の数も多いです。なお，公立学校教師は，アメリカ非営利財団の「よりよい教育運動」の研修を受けた者です。

2 結果

①≪ルールと責任を明確にし，教科を教えることに集中≫
教師は子どの学業生活において重要な成人であり，少なくとも間接的に，健康な教師が子どもの社会的感情の調整および学業成績に重大な影響を与える（Hamre and Pianta 2004; Malmberg and Hagger 2009; Moolenaar 2010）。インドの教師は，まず"ルールには，「丁寧に話す」，「敬意を表する」，「戦闘禁止」などがあります。署名は契約です。私達は年の初めにこれをします"とし【最初にルールを示す】ことをする。その上で，"ルールを守れなかったときには，ただ罰を与えるのではなく，はじめに子どもが考えた自分自身のルールに従って行動させます。例えば，宿題を忘れてしまったときに，休憩時間なしとか，自由時間のときに友達の横に座らないなど。子どもは自分自身のルールを自分で学年のはじめに決めている"と【責任感を育てる】ことをしている。その上で，教師は"昼休みは45分あります。教師はスタッフルームにいます。4時には学校をでます。教師は教科を教えることが仕事です。教師は教科を教えることに集中しなければなりません"と述べて，【教科を教えることに集中】することを重視していた。さらに，教師は"クラスで何か問題が起きた場合，二人の子どもの問題は二人で話し合わせる。二人の子どもの会談のようなものです。彼らは座って議論する。学級全体で話し合うことはない（2,モ1）"と述べて，【当事者同士の話し合い】をさせていた。教師は，学級で【最初にルールを示す】【責任感を育てる】，その上で【教科を教えることに集中】し，問題があれば【当事者同士の話し合い】をさせる。これらをあわせて≪ルールと責任を明確にし，教科を教えることに集中≫とした。定義は，＜教師はルールを示し，子どもの責任感を育て，その上で，子どもに教科を教えることに集中すること＞である。

②≪コミュニケーションを図りつつ，教師に敬意を持たせる≫
教師の幸福にとって，教師と生徒の間の対人関係は，重要な要素である（Jantine L, Helma M. Y. Koomen, Jochem T. Thijs , 2011）。"（Star of week とかかれたポスターには，その子どもの両親や家族，好きな遊び，遊んでいるところなど多くの写真とともに，子どもの紹介が書かれている）このポスターはクラスの掲示場所にその期間掲示されるとともに，子どもは自分のことをクラスのみんなに紹介する時間が与えられる。教師は子どもの良いところをほめる"として，半数のインドの教師は，【子どもをほめる】機会を作っていた。さらに"私たちは子どもの友達ではありません。私たちは子どもの両親ではありません。私たちは先生です。子どもたちは敬意を表します。私たちが子どもと話す方法は尊重です。それは子どもを個人として，礼儀と尊敬を持って扱うことです（2,モ1）"と述べ【コミュニケーションを大切にしつつ，教

師へ敬意を持たせる】ことをしていた。【子どもをほめる】と【コミュニケーションを大切にしつつ，教師へ敬意を持たせる】を合わせて≪コミュニケーションを図りつつ，教師に敬意を持たせる≫とした。定義は，＜教師の姿勢として子どもをほめ，コミュニケーションを持ちつつ，教師へ敬意を持たせること＞である。

③≪頻繁な保護者会≫
学校教育において保護者との連携は重要である。インドの教師は"保護者会が年4回あります。また，月に1回学校に来てもらいます"と述べている。このカテゴリーを，≪頻繁な保護者会≫とした。定義は，＜頻繁に保護者会があり，連携していること＞である。

④≪インクルーシブ教育と分離教育≫
1994年にスペインのサラマンカで，「特別なニーズ教育に関する原則」として，「サラマンカ宣言」が採択された。そのなかでインクルージョン（inclusion：包括または統合）の原則が強調された。つまり，発達障害だけでなく，経済的な困難，両親と母国語が異なる子どもなど，すべての人を含んだ学習支援を行っていくということが多くの国で進められている（石川，2018）。インドの小学校教師は"問題のある児童は，教師がカウンセラーと話し合い，その後，親と教師・カウンセラーで話し合いを持ちます。困難をかかえた児童について，レポートを書き，校長に報告し話し合います。そのような子どもは，別の学校に行ってもらいます"と【困難をかかえた子どもは別の学校へ】と発言した。モンテッソーリ教育の学校においても，同様な発言であった。一方で，"クラスにはADHDやASDの子がいる。学校にはカウンセラーがいない。授業中立ち歩く子もいてとても大変である"と，【発達障害の子どもがいて大変】と，混乱しながらインクルーシブ教育が行われている学校もあった。また，"インドは多様性の学校です。インドにはいろいろなタイプの学校があります。公立学校は非常にひどいです。私は公立学校で育ちました。教師は一方的に教えるだけです。また，子どもたちも貧しい子どもばかりでした。家庭が貧しいのです"と実体験を交えながら【貧しい子が行く公立学校】の実態を明らかにしている。多くの研究協力者が学校種に関係なく同様の発言をしていた。
【困難をかかえた子どもは別の学校へ】【発達障害の子どもがいて大変】【貧しい子が行く公立学校】これらを合わせて≪インクルーシブ教育と分離教育≫とした。定義は，＜インクルーシブ教育と分離教育，さらに貧困層を受け入れる公立学校があること＞である。

⑤≪子どもの感覚を刺激するモンテッソーリ教育≫
モンテッソーリは，インドに10年間滞在し教育を普及させた。モンテッソーリ教育の学校の教師は"子どもと関係をつくるために，毎日子どもと接し表情をみて子どもを理解している。自分を信じることが，子どもにつながることになると思っています。子どもと遊ぶこと，一緒に歌を歌うこと，かくれんぼをすることもあります（13,モ3）"と述べ，【子どもを理解する工夫】を具体的にあげ実践していた。その上で，"教師は子どもと環境をつなぎます。私たちはファシリテーターです。それで，教師として環境を整え，子どもにきっかけやヒントを出します（2,モ1）"と述べ【子ども自身が育つようにする教師の役割】を行っている。【子どもを理解する工夫】【子ども自身が育つようにする教師の役割】を合わせて≪子どもの感覚を刺激するモンテッソーリ教育≫とした。定義は，＜子どもの感覚を刺激するモンテッソーリ教育を行うこと＞と定義する

みなさんインドと日本の学級経営を比較して，何を感じていただけましたでしょう

か？　心理学の重要性やここの教師が工夫しながら理論と実践の往還をしていることが分かっていただけたでしょうか？

【引用文献】

第1章　1〜3節

Brophy, J. E.（1979）. Teacher behavior and its effects. Journal of Educational Psychology, 71, 733-750.

Brophy, J.（2006）. History of Research on Classroom Management. In C. M. Evertson & C. S. Weinstein（Eds.）, Handbook of Classroom Management: Research, Practice, and Contemporary Issues（pp. 17–43）. Mahwah, NJ: Lawrence Erlbaum Associates.）

Chien, Y. L.（2012）. A Study on the Relationship among Home Room Teachers' Personality Traits, Leading Style and Strategies of Class Management in Junior High School of Hsinchu County（Master's thesis）. Department of Technology Management, Chung Hua University, Hsinchu, Taiwan.Calero & Benasco, 2015）

Emmer, E. T., & Stough, L. M.（2001）. Classroom Management : A Critical Part of Educational Psychology, With Implications for Teacher Education. Educational Psychologist, 36（2）, 103–112. 103–112. https://doi.org/10.1207/S15326985EP3602

Evertson, Carolyn M. & Weinstein, Carol S.（2006）. Handbook of classroom management: Research, practice, and contemporary. New Jersey, USA: Lawrence Erlbaum Associates.

Commission, Government of India（2013）. Twelfth Five Year Plan（2012–2017）

Doyle, W.（1986）. Classroom organization and management. In M. Wittrock（Ed.）, Handbook of research on teaching（3rd ed., pp. 392–431）. New York: Macmillan.

Hamre, B. K., & Pianta, R. C.（2004）. Self-reported depression in nonfamilial caregivers: Prevalence and associations with caregiver behavior in child-care settings. Early Childhood Research Quarterly, 19,297–318. https://doi.org/10.1016/j.ecresq.2004.04.006

畑佐伸英（2018）. Inclusive Growth December 26, 2018 from https://www2.jiia.or.jp/RESR/keyword_page.php?id=80

石上浩美（2015）「学級経営・学校経営に関わる若手教員の意識と課題：戦後教員養成の歴史的変遷をふまえて（特集学級経営・学校経営を教員養成にどう位置づけるか）」『Synapse』43, 16-19.

石川美智子　学級経営の動向―学級の変遷・戦後の学級経営論文と小学校教師への調査― 佛教大学教育学部論集 第27号 2016

石川美智子（2018）『チームで取り組む生徒指導・教育相談－事例を通して深く学ぶ・考える』ナカニシヤ出版

石川美智子・松本みゆき（2018）小学校教師は学級経営をどのように考えているか―修正版グラウンデッド・セオリーを用いた質的分析― 常葉大学教職大学院研究紀要 4 p.17-27

Kagan, D. M.（1992）Professional Growth Among Preservice and Beginning Teachers Review of Educational Research 62, pp.129-169.

　木下康仁 (2007). 修正版グラウンデッド・セオリー・アプローチ (M-GTA) の分析技法 富山大学看護学会誌 6 (2), pp.1-10,

　岸田元美 (1969)「児童と教師の人間関係の研究：教師への児童の適応」『教育心理学研究』5 (2), pp. 25-33.

　Li, K.S. (2004). A Study on the Relationship among Advisors' Leadership Behavior, Classroom Climate, and Classroom Management Efficacy of Junior High Schools (Master' s Thesis). Graduate Institute of Education, National Changhua University of Education. Changhua ,Taiwan.

　Madsen, Becker, Thomas (1968)

　Malmberg, L.-E., & Hagger, H. (2009). Changes in student teachers' agency beliefs during a teacher education year, and relationships with observed classroom quality, and day-to-day experiences. British Journal of Educational Psychology, 79, 677–694.

　Moolenaar, N. M. (2010). Ties with potential: Nature, antecedents, and consequences of social networks in　school teams. Doctoral thesis, University of Amsterdam, The Netherlands. http://dare.uva.nl/record/339484.

　Muralidharan, Karthik & Das, Jishnu & Holla, Alaka & Mohpal, Aakash, 2017. "The fiscal cost of weak governance: Evidence from teacher absence in India," Journal of Public Economics,

　文部科学省 (2000)「いわゆる学級崩壊について」『学級経営の充実に関する調査研究 (最終報告) の概要』

　文部科学省 (2013)「教職員のメンタルヘルス対策について」

　文部科学省 (2006)「今後の教員養成・免許制度の在り方について (答申)」

　文部科学省 (2013)「教職員のメンタルヘルス対策について」

　文部科学省 (2017) 小学校学習指導要領 (平成 29 年告示) 解説平成 29 年 7 月特別活動編 <https://www.mext.go.jp/component/a_menu/education/micro_detail/__icsFiles/

　文部科学省 (2017) 小学校学習指導要領 http://www.mext.go.jp/a_menu/shotou/new-cs/youryou/syo/

　中川智之・西山 修・高橋 敏之 (2009). 幼保小の円滑な接続を支援する学級経営観尺度の開発 幼児教育ジャーナル, (18), pp.1–10

　能智正博『質的研究法―臨床心理学を学ぶ』東京大学出版会　2011

　Oliver, R. M. Wehby, J. H. & Reschly, D. J. (2011). Teacher classroom management practices: effects on disruptive or aggressive student behavior. Retrieved from doi:10.4073/csr.2011.

　Wong, H. (2004). Induction Programs That Keep New Teachers Teaching and Improving National Association of Secondly School Principals Bulletin (88) 638. Retrieved from https://www.esc19.net/cms/lib/TX01933775/Centricity/Domain/91/NT%20induction%20program.pdf

　Wong, H. & Wong, R. T. (2018). The First Days of School: How to Be an Effective Teacher Publisher: Harry K. Wong Publications

第 **13** 章

知覚心理学

> **課題** 知覚心理学という言葉を知っている人はいますか？どんな心理学でしょうか？現在，研究をする人はいるのでしょうか？

知覚

　知覚（ちかく，英：perception）とは，動物が外界からの刺激を感覚として自覚し，刺激の種類を意味づけすること，およびその機能です。知覚心理学の歴史を，錯視研究からみています。1970 年頃までは錯視といえば白黒線図形で形が歪んで見える「幾何学的錯視」が大部分でありました（図 13-3）。その後，ホワイト効果（White's Effect, 1979）やエイデルソン（Adelson, 1993）の一連の錯視等の「明るさの錯視」，トンプソン（Thompson, 1980）が発見しました「サッチャー錯視」（図 13-4）。北岡明佳氏のカラフルな「運動錯視図形」（図 13-5, 6）などが次々と発表され，近年はテレビ番組でも錯視・錯覚がよく取り上げられ，ちょっとしたブームになっています（森川, 2017）。

1. 知覚

① 感覚モダリティ

外界の刺激を，感覚器官が感じるそれぞれの体験や経験をいう。感覚とは視覚，聴覚，触覚，味覚，臭覚，運動感覚，平衡感覚，内臓感覚などがあります。現在では皮膚感覚は，さらに圧覚，痛感覚等あります。

② 共感覚

ある感覚刺激を本来の感覚以外に別の感覚としても知覚できることが知られています。そういった能力は共感覚と呼ばれています。

③ 閾

刺激の検出が可能である場合と不可能である場合の境目を刺激閾といいます。閾に対応した刺激量を閾値と呼びます。

④ 心理学のレールを引いたウェーバーとフェヒナー

私たちは，何かを感じたときと，物理的な物差しは違いがあります。たとえば，5gと10gの違い，100gと200gの違いはそれぞれ2倍の重さの違いがありますが，同じように感じるのでしょうか？　ウェーバーとフェヒナーは，感覚と物理的なものとの関係を明らかにしました。これを精神物理学といいます。

ウエーバーの法則

違いを感じるか感じないかという，境目の部分での刺激量について研究がされていました。その結果，人間が違いを感じる刺激量の限界は，刺激の強度に比例するという実験結果になりました。たとえば，重さの分別であれば，50gと55gが弁別できた場合，おもりが100gの場合には，110gの時にその違いが弁別できるというものです。どのような刺激量にも当てはまるわけではありません。

フェヒナーの法則

感覚量について測定したものであるといわれています。この研究では，人間が違いを感じる刺激量の限界は，刺激の強度の対数に比例するということが明らかになっています。これにより，刺激の強度がそのまま関係するわけではないことが明らかになりました。たとえば，50gの重さを感覚的に2倍にするためには，単純に2倍の重さであればよいということにはならず，200gの重さが必要になるといった形になります。

ウェーバーフェヒナーの法則

ウェーバーフェヒナーの法則は，ドイツの生理学者 E.H. ウェーバー氏と，G.T. フェヒナー氏によって提唱されました。たとえば，待ち時間が5分から10分になった場合と，2時間から2時間10分になった場合では，前者の方がより待ち時間が長くなったように感じること，体重40kgの人が5kg痩せるのと，150kgの人が5kg痩せるのでは，前者の方がより軽くなっているように感じることです。

ウェーバーフェヒナーの法則には，個人差や周囲の環境も影響を及ぼします。そのため，人によって作用の度合いには違いがあります。

スティーブンスの法則

スティーブンスは刺激内容ごとの感覚と刺激の関係性は変化するということを導きました。痛み等の測定が難しい感覚が測定可能になった点でも重要で，見る事の出来ないものを，客観的に観測するという現在の心理測定に大きく貢献した人物でもあります。

⑤ ゲシュタルト心理学

ゲシュタルト心理学では，刺激をまとまりとして知覚することを「体制化」といいますが，その最も典型的なものが，視覚における形の知覚です。「形の知覚」に関する用語として下記のようなものがあります。

(1) 地と図

ものを見るときに，何かを背景として見ていることが多いです。見える図形を図といい，背景を地といいます。いろいろな傾向が明らかになっています。

(2) 近接の要因

ルビンという人が1921年に発表した「盃と顔図形」です。壺に見えたり，人間の横顔にみえたりしませんか？

図13-1　ルビンの壺

(3) プレグナンツの法則

複雑な図を単純にまとめる傾向があります（Wertheimer, M ヴェルトハイマー）。

| |　　　 | |　　　　 | |

まず，前頁の図を見ていただきたいのですが，実は，これは，特にグループ分けしているのではなくて，ただ，単純に，縦線を適当に並べて表示しているだけです。でも，不思議なことに，近くにある縦線同士が，一つのまとまりに見えます。群化が生じる要因は，「ゲシュタルト要因」と呼ばれ，「近接，良い連続，良い形，共通運命，閉合，客観的調整，類合，経験」といったものがあります。

図13-2　代表的なゲシュタルト要因例

⑷　錯覚

「錯覚」とは，推論的な知覚の補正のため，外的刺激を客観的性質通り認識しない現象を指します。

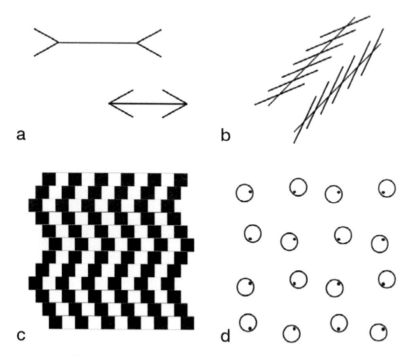

図13-3　古典的な幾何学的錯視の例
A　ミュラー・リヤー錯視　水平線の長さは同じである
B　ツェルナー錯視　2の長い線は並行である
C　カフェ・ウォール　灰色の横線はすべて水平で平行
D　ジョヴァネッリ錯視　ドットは縦横に整列している

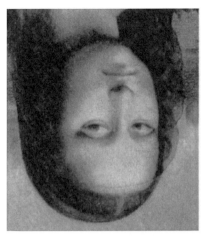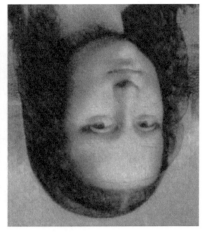

図13-4　サッチャーの錯視の例
２つのモナリザに違和感がないが，この絵を逆さにするとモナリザに違いがみえる

6　運動の視知覚　錯覚現象

　自動運動：暗い部屋で光点を一個見つめます。しばらくすると光点が動き回って見えます。

　実際運動：実際に静止している物を取り囲んでいるものが動くと，逆に止まっているものが動いて見えます。

　仮現運動：動いていないものが動いているように見える現象のことです。ぱらぱら漫画がそうですね。また，その逆もあります。

図13-5　蛇の回転
Copyright Akiyoshi Kitaoka 2003（September 2, 2003）

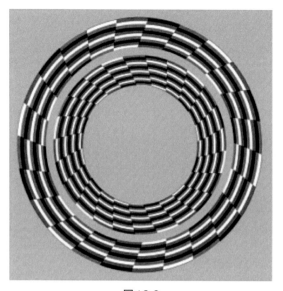

図13-6
白黒のためわかりにくいので, http://www.psy.ritsu-
mei.ac.jp/~akitaoka/chcolore.html をご覧ください。
The color changing illusion. When observers ap-
proach the image fixating at the center, the ring ap-
pears to be more reddish. This image is an illusion
design 'Heat' © Akiyoshi　Kitaoka 2003.

7 知覚の恒常性・錯覚

　大きさの恒常性：視距離が変化して対象の
大きさが変化しても知覚的には大きな変化が
ない。

　明るさの恒常性：夜でも雪は白い。昼間でも
靴は黒い。明るさの変化の影響を受けない。
　その他, 色の恒常性・位置の恒常性・方向の
恒常性・音の大きさの恒常性などがあります。

図13-7　形の恒常性
https://www.bing.com/images/
search?view=detailV2&id=
形の恒常性：画面を斜めから見ても正面
からみたように見える

8 選択的注意

「選択的注意」とは, 多様な情報が渦巻くよう
な環境条件下において, その個人にとって重要な情報のみを選択し, それに注意を向け
る認知機能を指します。

(1) カクテルパーティー効果

　「カクテルパーティー効果」とは, 選択的注意の代表的な現象の一つであり, 音楽や多
くの話し声があるパーティー会場のような騒がしい場所でも, 特定の人と会話ができ

ることを指します。

⑵ 両耳分離聴の実験

「両耳分離聴の実験」も選択的注意を示す実験として有名です。この実験は，左右の耳に別々に文章を聞かせるもので，指定した耳から聞かされた文章だけが追唱できるという結果が得られました。

　この結果から，感覚記憶から短期記憶へ移行する際に選択的注意が働くとされています。

⑶ ストループ効果

「ストループ効果」とは，文字意味と文字色のように同時に目にするふたつの情報が混乱させる現象のことです。

赤 青 黄 緑 黒

図 13-8　ストループ効果
白黒のためわかりにくいので，https://motivation-up.com/motivation/stroop.html をご覧ください。

⑨ 空間知覚・視覚的断崖

　空間知覚・奥ゆき知覚：空間知覚とは，高次知覚であり，すべての感覚を動員して統合し，3次元的な外界空間を脳内で表現する機能です。その知覚された空間を知覚空間（空間枠組み）といいます。

　空間知覚で重要な知覚が，遠近感や3次元的広がりの知覚である「奥行き知覚」です。

　奥ゆき知覚は，手がかりとなる「2次元情報（きめの勾配・重なり・線遠近法的配置など）」や「3次元情報（両眼視差・両眼輻輳・運動視差）」を基になされます。

写真 13-1　視覚的断崖
https://www.youtube.com/
watch?v=LQZLpyISPWk

(1) 視覚的断崖

「視覚的断崖」とは，ギブソンが，奥行き知覚能力の研究のために用いた実験装置のことです。赤ちゃんは，床がガラスばりのところに断崖があると思い，渡ることを躊躇しています。社会的参照能力の実験にも用いられています（写真13-1）。知覚の体制化を実験に応用している例です。「社会的参照」とは，初めて出会う場面で，赤ちゃんが自分だけの経験や知識では判断に迷うような場面で，主に養育者の方を見て自分の行動を決める行動の事です。

2. OK Go - The Writing's On the Wall - Official Video

最後に錯覚のビデオをご覧下さい。

https://www.stereogum.com/1687318/ok-go-
the-writings-on-the-wall-video/video/

歌詞

But I just want to get you high tonight
I just want to see some pleasure in your eyes
Some pleasure in your eyes

Then you bring your mind, to rest against mine
But the mind has no say on affairs of the heart

The writing's on the wall
It seems like forever
Since we had a good day
The writing's on the wall

But I just want to get you high tonight
I just want to see some pleasure in your eyes
Some pleasure in your eyes

I just want to get you high
Just want to get you high
Just want to get you high
Even if it's the last thing we do together
Even if it's the last thing we do together

訳
でも今夜は君を高く上げたい
君の目で楽しさを見たい
あなたの目にいくつかの喜び

その後，あなたは私の心に休むためにあなたの心をもたらします
しかし，心は心の事柄について発言権がありません

書き込みは壁にあります
永遠に思える
良い一日を過ごしたので

書き込みは壁にあります

でも今夜は君を高く上げたい
君の目で楽しさを見たい
あなたの目にいくつかの喜び

私はあなたを高くしたいだけです
あなたを高くしたいだけ
あなたを高くしたいだけ
一緒にやる最後のことでも
一緒にやる最後のことでも
提供元：LyricFind

ソングライター：Damian Kulash ／ Timothy Norwind ／ Andy Ross

ザ・ライティングス・オン・ザ・ウォール 歌詞 © BMG Rights Management

【引用文献】

北岡明佳の錯視のページ http://www.ritsumei.ac.jp/~akitaoka/

北岡明佳　Akiyoshi Kitaoka）Gestalt and Aesthetics of Visual Illusion 錯視のゲシュタルトと美　野口 香　美と感性の心理学　ゲシュタルト知覚の新しい地平　日本大学文理学部叢書6

OK Go（2014）- The Writing's On the Wall - Official Video https://www.google.co.jp/search?source=hp&ei=yUleXtyuEszmwQOUp7TgAg&q=OK+Go+-+The+Writ-

ing％27s＋On＋the＋Wall＋-＋Official＋Video＋&oq＝OK＋Go＋-＋The＋Writ-
ing%27s+On+the+Wall+-+Official+Video+&gs_l=psy-ab.3..0i30.8592.8592..13658...0.0..0.105.105.0
j1......0....2j1..gws-wiz.yd8UCSmeNZc&ved=0ahUKEwict4_Lo_7nAhVMc3AKHZQTDSwQ4dUD-
CAs&uact=5#spf=1583237597394

森川和則 (2017) 知覚心理学は右肩下がり右肩上がりか 38 年間のトレンド　日本心理学会
https://psych.or.jp/wp-content/uploads/2017/10/51-5.pdf

第 **14** 章

観察による人の理解
研究方法

> 課題　友達の学校での生活を一日記録して発表しましょう。そこか
> ら，わかることを話し合いましょう。

　心理学は，ヴントの内観法から発展しました。それから 150 年ほど
経ちましたが，方法はどのように変わっていったのでしょうか？　こ
こでは，研究の意義と観察法について説明します。

1. エビデンスベイスト・アプローチ (科学的根拠)

エビデンスとは，実験データや症例など具体的な証拠（evidence）という意味です。エビデンスベイスト・アプローチとは，学派の教義や理論を根拠にするのではなく，具体的なデータという証拠に基づいて実践活動を発展させていくという意味です。(Miller,-Duncan,& Hubble,1997; 杉浦 ,2004)。エビデンスを明らかにするということは，信頼性のレベルが明確になり，適切な方法を選択できる可能性があるということです。

本書第 2 章第 4 章の心理療法においても，近年のエビデンスが明らかになった TFT 療法・問題解決に焦点を当てた療法を紹介しました。心理療法以外でも，人の心を明らかにするためには，研究方法が重要となります。

2. 研究方法の種類

研究方法については，大きく量的研究法と質的研究法の 2 つに分けることが出来ます。量的研究と質的研究の具体例をあげてみました（表 14-1）。

量的研究法を紹介します。たとえば，ソーシャルスキルトレーニングを行う学級と行わない学級を作り，自己肯定感テストを行い，変化を比較して仮説の支持の有無を検討します。このような研究は，数量的データを中心に，統計学を用いて分析する方法で，量的研究法と呼ばれています。仮説を立ててデータの特性を変数としてまとめて，検証します。したがって，仮説検証型（下山, 2008）ともいわれています。仮説を作るために，トライアンギュレーションつまり，先行研究から導き出された理論が基本となり検証されます。また，一般理論や現象を推測して集団が当てはまるかどうか検証します。先に理論があるため個人を超えたところの検証となります。考え方は理論が先にきて，あてはまるか検討するので演繹法といわれています。

量的研究法は一般的傾向を理解するのに適している傾向があります。しかし，量的研究では，一般的なことしか述べることが出来ません。特に，教育は，地域や園・学校・学級の風土・担任教員・児童生徒等の複雑な要因の上で成り立っています。多様化している今日の学校では，一般的だといえる学級の方が少ない場合も考えられます。そこで，必要となるのは質的研究法です。質的研究法は，複雑にからむ個々の文脈のなかで，人と人との相互のかかわりを明らかにします。そして，生み出した概念を通して理論を築くのです。秋田 (2010) は，ローカルな具体個別の知恵を探る研究，具体性の中で豊かな知と経験があるという考え方が質的研究法の立脚点であると述べています。また，質的研究法の考え方は，先に学級での観察やインタビューにより，具体的に空間・文脈の中での意味や解釈を概念化し理論を作るので帰納法といわれています。質的研究法は，口頭，視覚，記述の質的データを中心に，研究者自身が解釈し分析する方法です。したがって，研究者が仮説を作るために仮説生成型（下山, 2008）ともいわれています。量的研究

法に比べると固有の領域において相互の関わりが明らかになるといわれています。質的研究法は，インタビューや観察されたデータから概念が作られ理論化されるため，その概念が妥当かどうかは，研究者である分析者に委ねられます。

量的研究法	質的研究法
① **仮説をたてる**：Aは魚である。 魚を1，魚以外を0として， A'=鮪,A"=鮎 A'''=鰯,A''''=桜,A'''''=鮭, A'=1, A"=1, A'''=1,A''''=0,A'''''=1,	① **データを検討する**： データ例 A'=バナナ,A"=みかん, A'''=パパイア,A''''=マンゴー
② データを検討する： データ例 A'=鮪,A"=鮎 A'''=鰯,A''''=桜,A'''''=鮭,	② 分析：**分析は研究者**に委ねられる。
③ 分析：研究者は**量的分析法**を用いる	③ 思考の特徴：データから仮説を導き出すために**帰納法**。「どのような」というプロセスへの問いに答えることができる
④ 思考の特徴：一般原則からデータによって結論を導き出すために**演繹法**。	④ **仮説を生成する**：Aは南国の黄色系の果物である
⑤ **仮説の証明**：Aは80%の確率で魚である	

表14-1 量的研究法と質的研究法の手順 と特徴と例

多くの場合仮説をたて，数量で表すデータでみるならば量的研究法がふさわしいです。「養育者の不安はどのように子どもに影響をあたえるか」というようにプロセスについての問いならば質的研究法がふさわしいです。質的研究法は，インタビューや観察されたデータから概念が作られ理論化されます。その概念が妥当かどうかは，研究者である分析者に委ねられると上述しましたが，客観性の確保に努めるためにより一層，先行研究や，専門家や周りの方の変化についての意見等，説得力のあるデータが重要になります。

3．研究法の選択

量的研究法と質的研究法は対立するものではありません。量的研究法と質的研究法を補い合うことにより，精緻な研究を行うことが出来ます。これを混合研究法といいます。具体的に例をあげます。園児を対象に，話し合いの仕方のスキルトレーニングを通して，園生活の質テストを検討します。1組は，話し合いの仕方のスキルトレーニングを実施して，2組は実施しません。その結果1組は園生活の質が有意に高くなりました。これは，園生活の質の変化が数値データで示されただけです。そこで，並行して行われた教員へのインタビュー調査の結果と観察法から得られたデータを分析すると，1組の園児から見出された概念は〈親しい友達以外のクラスメートにゆっくり話す〉〈親しい友達以外のクラスメートの目を見て話す〉〈相づちをうつ〉〈目を見て聞く〉〈新しい友達のこ

とを考える〉で，2組は〈話し方に変化なし〉〈友達に変化なし〉でした。「1組の園児は，話し方が上手になったばかりか，聴き方も上手になり新しい友達のことを思えるようになった」ということが示されました。園生活の質という量的データと，児童相互の質的データとその分析を組み合わせることにより，客観的で具体的な変化のプロセスが明らかになったのです。教員や教員を目指す人は，量的研究法・質的研究法・混合研究法のそれぞれの良さを理解し，データを示しながら，教育における園児・教員の変化を示すことが重要です。多くのデータを示すということは，科学的根拠（エビデンス）を示すことです。

4. データの収集法

　心理学の研究目的の一つは，効果を明らかにすることです。心理学の効果は，活発に遊ぶようになった，欠席が少なくなったというだけのものさしでは，測ることができません。心理学の研究には，相互のデータ収集が重要といえます。そして，データは研究者の意志を超えた，他者と共有できる研究の土台となるものです。不登校だった子どもが，仲良しグループができるとか，不登校だった子どもが緊張から解放されて笑顔が増えたとか，友達と積極的に話すようになった等，予測した効果を超えたものがたくさんあります。子ども同士や教員との関わり，担任教員以外の教員との関わり，教室環境の変化等，データの収集と分析が必要となります。データ収集の方法として，大きくわけて面接法・観察法・質問紙調査・文章資料があります。また，記録されたものが数字や数量ならば量的データ，「ことば」によって記述されたデータならば質的データといいます。録画や録音なども質的データです。重要なことは「厚い記述」です。細かく書くという意味でなく，対象者のふるまいを時間的な流れの中で記述すること，また，観察された行為をその場の状況とともに記述することです（Denzin,1989）。また，いろいろな情報を集めて説得力をもたせることを，「厚い記述」といいます。「厚い記述」のためには，データの収集法を組み合わせることが必要です。「厚い記述」によって，データの言葉と行動の意味を深く理解し，他の人にわかりやすく伝えることができると思います。

5. 主なデータ収集法　観察法

① 観察法

　人々の行動や相互作用を観察することによって，その環境に根づく文化や日常生活の意味を理解すること，これは旅行者の多くが行っていることです。また，質的研究者が行うことでもあります（Girbich,2003）。観察法は，日常生活の中で誰もがやっていることです。人にとって，観察法は簡単に行える幼児児童生徒理解でもあります。しかし，研究者が何を観察するかによって，データの質と量が異なってきます。別の言い方をすれ

ば，データは研究者のセンス・主観に拠っています。具体例を示します。実習生が，転園児の園での３日間の活動を観察しました。転園児の入った園の教員は，おとなしい方でした。実習生は「指導」をしなかったといいます。しかし，教員は指導をしていたといいます。おとなしい教員を観察しきれていないのです。

何を観察するか

　観察したことを記録し，まとめるのが観察法といわれるものです。では，何をどのように観察したらよいでしょうか。たとえば，欠席が多かった転園児の欠席が少なくなったのですが，園で良い友達と，または，悪い友達と親しくなっていたからということが後になってわかりました。問題や問題の要因となることは，その場ではわからないのです。どうしたらよいのでしょうか。とにかく記録することです。記録した後で，つなぎ合わせる作業をします。

　重要なことは「厚い記述」です。細かく書くという意味でなく，対象者のふるまいを時間的な流れの中で記述すること，また，観察された行為をその場の状況とともに記述することです（Denzin,1989）。学級の様子や，園児児童生徒の変化を深く理解し，他者に伝わるように，記録することが必要です。

「データを洗練するための解釈」と観察ポイントの関連

　会議や会話，担任教員と他の教員のやりとり，教員と児童生徒，園児児童生徒同士のやりとり等観察したことをメモにします。これがフィールドメモです。ポケットに小さなノートとペンを入れて，書き留めます。走り書きでよいのです。個人が特定されないように仮名にするかアルファベットにします。「学校公開日で教室に来客が多い」「A（教員）が，特別支援教室から遅刻してきた児童Bに小さな声で話す（何をなぜ）」「職員室で特別支援の先生がAに，Bは来客が多くて教室に戻れなかったと話す」こんな感じでできるだけ書き留めます。教育実習生は，実習記録を書いて提出しますが，フィールドメモは自分の研究テーマに沿って，もっと「厚く」記録したものになります。家に帰り，フィールドメモを眺めます。筆者は，二つのデータ解釈があると考えます。研究論文を書くためのデータ解釈と，それ以前に，データ収集中フィールドメモを概観し「データを洗練するための解釈」です。学級や学校で起こっていることは，実習生には目的や理由がわからないことが多いのです。

　研究論文を書く以前に，リサーチクエッションとの関連を判断し，データを洗練するための解釈が必要です。研究のための気力・体力・努力を支えるのがリサーチクエッションです。リサーチクエッションとは，研究への問いまたは解決すべき謎です。たとえば「遊びは，A児にどのように児童生徒に影響を与えるか」「担任教員のソーシャルスキルトレーニングの実施は，児童生徒の自己肯定感を高めるか」等という疑問です。園学校現場に立つと様々な興味や好奇心からリサーチクエッションが起きます。リ

サーチクエッションに答えるために研究を行う。リサーチクエッションによって，研究方法が決まるのです。記録したことを通して問題の因果関係を頭の中で考えるのです。または，事情がわかる先生に「こんなことがありましたがなぜですか」と聞いてもよいです。園学校現場の中で，どうしてだろうと考えます。つまり，「データを洗練するための解釈」をします。すると，研究テーマに沿って観察ポイントが狭まってくるでしょう。漠然としていた記録を「データを洗練するための解釈」によって，問題に関連ありそうな観察へと焦点を絞ることができます。焦点を絞りすぎないように緩やかに絞り，関連のありそうなことは，とにかく記録します。観察する視点は，「誰がどのような状況でどのような方法でどうしたか」です。その際，目的がわからない場合は（なぜ）としておきます。そして，日時も書いておきます。毎時間を観察することは無理です。教員も実習生も忙しいのです。1日1時間ぐらいでもよいので，実習中，研究の目的や研究テーマに沿っていろいろな場所・時間で記録します。

　最初は，意味もわからず教員と児童の出来事をメモしていますが，フィールドワーク中にデータを洗練するための解釈を行い，データの収集を的確に行えるようになってきます。そして，担任教員が決めた座席について疑問を持ってからは，その後の児童の様子を観察します。これらは「データを洗練するための解釈」による実践研究者の洞察といえます。「データを洗練するための解釈」をすると，より研究テーマが明確になり洞察力が高まるのです。

観察法の種類とアクションリサーチ

　観察法には，参与観察と非参与観察があります。参与観察とは研究対象である社会や集団に調査者自身が加わり，生活や活動に関わりながら観察を行い，データを収集する方法です。非参与観察とは，第三者として調査対象を観察することです。授業参観など教室の後ろでメモを取りながら観察する等，調査対象に関わらない観察方法です。学校教育の研究の場合，学級・学校がフィールドワークの場となります。箕浦（1999）は，フィールドワークを「人と人の行動，もしくは人とその社会および人が作り出した人工物（artifacts）との関係を人間の営みの文脈をなるべく壊さないような手続きで研究する」と定義しています。さらに，参与観察の一つの方法に，アクションリサーチがあります。アクションリサーチとは，研究者が現場の問題解決を行いながら，研究することです。担任教員が自分の実践を研究する場合，アクションリサーチとなります。教育実習生や担任教員が研究者となる場合，人間の営みの文脈を壊さないような手続きは，難しい場合も多いようです。

録音録画機器について

　ビデオカメラやレコーダーは記録ツールとして便利な機械です。何度も再生可能で，多くの情報を得ることができます。映像・音声の録画録音は，可能ならば了解を

とって行います。しかし，撮影されることによって，はしゃいだり，緊張したりして特別なかかわりをする児童生徒もいます。カメラの位置によって見えなくなる児童生徒も出てきます。観察者は，録画録音機器だけに頼らず，自分の目で見て，耳で聞いて感じたことをフィールドメモにすることが重要です。

2 質問紙法について

　質問紙法とは，テーマとしていることがらについて，質問紙を用いて結果を収集する方法です。質問紙から得られる情報は，回答者の記述に限定されます。質問紙法の長所は，個人ばかりでなく，集団でも一斉に実施できること，手順を統一できることです。質問紙法には数量化された評定尺度法質問紙と，数量化されない質問紙があります。評定尺度法質問紙については，いくつの選択肢にするか迷うところです。「よかった」「普通」「よくなかった」の3択の場合3件法といいます。5件法，7件法などがあります。これらはリッカート法と呼ばれ，態度について，積極的賛成から反対まで複数の短文を研究協力者について，提示していずれに当たるか測定する方法です。リッカート法の選択肢の研究では5件法が最もよいとされています（脇田・野口，2008）。また，研究対象者の答えやすさが重要となります。質的研究法では，数量化されない質問紙が用いられることが多いようです。ここでは数量化されない質問紙について述べます。質問紙の質問項目によって，構造化質問と半構造化質問と非構造化質問に分けることができます。構造化質問は，あらかじめ選択肢をつくり回答者に選択してもらいます。非構造化質問は，回答を自由に記述してもらう方法です。半構造化質問は，一定の質問項目を決めてその中で自由に記述してもらいます。たとえば「クラスについて，あなたの意見や考えを自由に記述してください」は，非構造化質問となります。学級について，「クラスメートとの会話について」「班活動について」「担任教員について」と一定の質問項目を決めてその中で自由に記述するものを半構造化質問といいます。一般的に半構造化質問の方が答えやすくなります。質問項目は，リサーチクエッションに沿って決めていきます。

3 批判的思考

　データを分析していると，「分かった」「絶対こうだ」「差があった」と，思うことがあります。しかし，よく状況を考えてみると，「この一事例においては」「この場面においては」「統計的に」という，前提があるのです。日本中の全ての教員教育実践とその児童生徒とのデータを集めることは，不可能です。一部分を全体ととらえて研究を進めると一面的な見方に陥って客観性を失います。批判的思考（クリティカル・シンキング）とは，あらゆる物事を批判的に思考し分析することによって，現状から最適と考えられる結果に辿り着くための思考方法のことです。批判的思考によって「相手を非難する」よりも，自分の思考を意識的に吟味し，多面的客観的に分析を行えるのです（楠見，2011）。批判的思

考があるからこそ，自分の都合のいい解釈や，論理の飛躍を防ぐことができます。そして，トライアンギュレーションを促進できると考えます。今回の研究を終わる時に，批判的思考によって課題を見つけることは，次の研究への発展につながるのです。実践研究を進める上で，常に批判的思考を持つことは，研究倫理を持つことと同じぐらい必要なことです。

【引用文献】

秋田喜代美 (2010)「教育・学習研究における質的研究」秋田喜代美・藤江康彦編『はじめての質的研究法 教育・学習編』東京書籍

Girbich,C. (2003) 上田礼子，上田敏，今西康子訳『保健医療職のための質的研究入門』医学書院

Dnezin ,N.K. (1989) Interpretive interactionism.. Thousand Oaks:Sage.

Miller,S.D.,Duncan,B.L.,& Hubble,M.A., (1997) Escape forom Babel:Toward aunifying language for psychotherapy .W.W.Norton 曽我昌棋 (監訳) (2000) 心理療法・その基礎なるもの 金剛出版

箕浦康子 (1999) (『フィールドワークの技法と実際 - マイクロ・エスノグラフィー入門 -』ミネルヴァ書房

下山晴彦 (2008)「何のために研究するのか─研究の目的と方法」下山晴彦・能智正博編『心理学の実践的研究方法を学ぶ』新曜社

脇田貴文・野口裕之 (2008) LiKert 法における選択枝数の検討─各選択枝の尺度値の観点から─日本心理学会第 72 大会抄録

おわりに

　人は，一人ひとり多様であり，特定のかかわりや特定の環境において成長しています。一人ひとりspecialで，異なる原理や専門性を組み合わせ対応する現実の教育の姿があります。逆にいえば，日本人一人ひとりが大切にされるすばらしい社会がきたのだと思います。その社会的責任を，私たち大人が，先頭をきって担っていると考えると誇らしい思いもします。そして，本書によって社会に貢献できたらと考えています。

　私は，小中高であわせて30年以上教師として勤めました。大学院でたくさんの専門家に学びながら教師を続けることができました。愛知教育大学大学院では，西村洲衞男先生，生島博之先生，長坂正文先生，名古屋大学大学院では，村瀬聡美先生，森田美弥子先生，石井秀宗先生をはじめとする名古屋大学大学院教育学研究科の先生方にご指導いただきました。先生方はアカデミズムに身を置きながらも，学校の事例においても常に理解を示し，問題点を的確に示唆してくださいました。これらの先生方のご指導があって，一定の理論化を行うことができました。さらに名古屋大学大学院石井秀宗先生，友人の村田朝子様，学術研究出版の黒田様，湯川様には，企画・初稿の段階から丁寧に赤字をいれてくださり，デザインも考えてくださいました。

　一冊の本が，非常に多くの専門家によって作られる文化であることを強く感じます。感謝の気持ちで一杯です。この本が日本の発展に貢献できればと願っております。

【初出一覧】

　本書の一部は，すでに発表されたいくつかの論文を加筆修正したものである。基になった論文の初出を以下に挙げておく。

　第8章：石川美智子　2015　チームで取り組む生徒指導―アクティブ・ラーニングを通して深く学ぶ・考える　ナカニシヤ出版

　第12章：石川美智子・松本みゆき　2018 小学校教師は学級経営をどのように考えているか―修正版グラウンデッド・セオリーを用いた質的分析― 常葉大学教職大学院研究紀要, 4

石川美智子・松本みゆき・小田切真・中村孝一　2020 Indian Classroom Management among Elementary School Teachers in India　International Journal of Asia Pacific School Psychology　2

　第15章：石川美智子・松本みゆき　2018　教育を科学する力，教師のための量的・質的研究方法　Excel フリー統計ソフト HAD を用いて　学術研究出版

著者紹介

石川美智子 (いしかわ　みちこ)

　京都教育大学大学院教授・佛教大学教育学部特任教授。

　名古屋大学大学院博士課程後期課程修了。博士 (心理学)。

　主著に,『高校相談活動におけるコーディネーターとしての教師の役割—その可能性と課題』(ミネルヴァ書房, 2015 年),『チームで取り組む生徒指導—アクティブ・ラーニングを通して深く学ぶ・考える』(ナカニシヤ出版, 2015 年),『教育を科学する力、教師のための量的・質的研究方法 Excel フリー統計ソフト HAD を用いて』(学術研究出版, 2018),『チームで取り組む生徒指導・教育相談—事例を通して深く学び考える』(ナカニシヤ出版, 2018) 他。

松本みゆき (まつもと　みゆき)

　Christ 大学 (インド, バンガロール) 研究員,

　愛知みずほ短期大学。

　名古屋大学大学院教育発達科学研究科博士課程後期課程満期退学。博士 (心理学)。

　分担著書に,『産業心理臨床実践：個 (人) と職場・組織を支援する』(2016 年, ナカニシヤ出版),『教育を科学する力、教師のための量的・質的研究方法 Excel フリー統計ソフト HAD を用いて』(学術研究出版, 2018),『チームで取り組む生徒指導・教育相談—事例を通して深く学び考える』(ナカニシヤ出版, 2018)。

心理学－基礎から・臨床・発達・学習・教育・集団へ－

2020年 3 月 26 日　発行

　　　　著　者　　石川美智子
　　　　発行所　　学術研究出版／ブックウェイ
　　　　　　　　　〒670-0933　姫路市平野町62
　　　　　　　　　TEL.079 (222) 5372　FAX.079 (244) 1482
　　　　　　　　　https://bookway.jp
　　　　印刷所　　小野高速印刷株式会社
　　　　©Michiko Ishikawa 2020, Printed in Japan
　　　　ISBN978-4-86584-452-8